AF485623

Kettlebells

Manual edición definitiva

Jerónimo Milo

JMILO ediciones

ÍNDICE

4 INDICE
6 INTRODUCCION
7 EL AUTOR

1. TEORIA

8 FUNCION DEL KETTLEBELL
10 KETTLEBELL PARA FUERZA Y PARA POTENCIA
11 ETIMOLOGIA
12 FORMA Y FUNCION DE TIPOS DE PESA
13 PESAS Y COLORES
14 ¿QUE PESA ELEGIR?
15 BENEFICIOS GENERALES
16 HISTORIA
20 ESTILOS
22 ¿QUE ESTILO ELEGIR?
23 MAESTROS

2. PREPARACION

24 REQUERIMIENTOS BASICOS
25 MOVILIDAD Y ESTABILIDAD
28 CINTURA PELVICA Y ESCAPULAR
29 EL CASO DEL SWING AMERICANO
30 AJUSTES CORPORALES
32 MEDIR EL SQUAT
34 PARAMETROS IDEALES DEL SQUAT
35 DIFERENCIAR BISAGRA (CADERA), DE SQUAT (RODILLA CADERA)

3. NUCLEO

38 ANTIMOVIMIENTO
39 ANATOMIA
42 ALREDEDOR DEL CUERPO
44 HALO
46 8
48 GRANJERO
53 LA VALIJA
56 BOTTOM UP
58 BIRD DOG VERTICAL
59 GRIP Y NUCLEO
60 ENTRENAMIENTOS PIRAMIDES
61 ESQUEMA DE LEVANTAMIENTOS

4. RACK Y OVERHEAD

63 INSERCION DE LA MANO
65 RACK ESTRICTO
66 RACK COMPENSADO
67 OVER HEAD
68 LA MECANICA DEL HOMBRO
69 OVERHEAD - 10 Puntos de Corrección
70 CAMINATA DE COOK
71 COMPRESION, TENSION Y CIZALLA

5. PENDULO

74 MECANICA DEL PENDULO
75 TEST DE GLUTEOS Y PUENTE
76 BISAGRA CON BASTON

6. PATRONES DE MOVIMIENTO

78 DOMINANCIAS
79 NUCLEO Y TRANSPORTE
80 PATRON ROTACIONAL

7. EMPUJE MIEMBRO SUPERIOR

82 DIFERENTES PRESS
83 PRESS ESTRICTO
84 PRESS 30°
85 SIDE PRESS Y OTROS
86 BACKUP PRESS
87 PRESS HORIZONTAL PESADO
88 PROGRAMA DE 5 SEMANAS DE PRESS

8.

89 JALON DE MIEMBRO SUPERIOR
90 REMO
91 DOMINADAS
92 HIGH PULL
93 REMO RENEGADO

9.

97 JALON DE MIEMBRO INFERIOR
(DOMINANCIA DE CADERA)

99 AJUSTES
100 CABRA
101 BUENOS DIAS
102 PESO MUERTO
103 PESO MUERTO A UNA PIERNA
104 START STOP
105 SWING
106 CORRECTIVO DE SWING
107 SWING DE CADERA
108 SWING DE RODILLA Y MIXTURADO
109 SWING VAGO
110 SWING RUSO Y AMERICANO
111 SWING | PLANCHA
112 15,15
113 SWING A UNA MANO
114 SWING MANO A MANO
115 CLEAN (EL RULEMAN HUMANO)
121 ELEVACION Y ENTRADA
122 LA CAIDA
124 RESUMEN
125 POSICION DE LA MANO
127 EJERCICIOS ASISTIDOS
132 SWING + CLEAN
133 ELEVADOR
134 SNATCH
137 PROTOCOLO SNATCH
138 SNATCH ESTOCADA
139 ENTRENAMIENTO VIKINGO: 15/15 36/36
140 CONCEPTOS DEL KETTLEBEL JERK, SNATCH Y LONG CYCLE

10.

142 EMPUJE MIEMBRO INFERIOR
(DOMINANCIA DE RODILLA)

142 FUERZA
143 SQUAT
144 DISTANCIA Y ANCHO
145 SUMO
146 GOBLET
147 GOBLET TEST
148 BULGARA Y ESTOCADA
149 SQUAT OVERHEAD
150 COSACOS
151 DESAFIO DE GLUTEOS SWING Y GOBLET
152 BUMP
153 THRUSTER
154 PUSH PRESS
155 ENTRENAMIENTO EN PIRAMIDE
156 JERK
159 ENTRENAMIENTO INTERVALADO

11.

160 PATRON ROTACIONAL
161 HALO EXTENDIDO
163 SWING FRONTAL
164 SWING ROTACIONAL
165 CIRCULO FRONTAL Y
POSTERIOR

12.

167 ENTRENAMIENTOS
168 TEORIA
171 CHAINS
173 COMPLEX
174 HIPERTROFIA CON
KETTLEBELLS
175 SOBRECARGAS
176 CHECKLIST

177 BIBLIOGRAFIA
178 CURSOS E INFO

En los últimos años las kettlebells han entrado al mundo del fitness y el entrenamiento funcional con destacada velocidad. Puedo decir que si bien, son muchos los cultores del kettlebell, soy el principal pionero, introductor y difusor de esta herramienta en Latinoamérica y especialmente en habla hispana. Desde fines del 2007 estoy trabajando para que el kettlebell sea conocido en todos los países de Latinoamérica, ya sea en su versión como herramienta funcional para diversos estilos, como así también su versión deportiva. El trabajo no ha sido fácil, pero ha dado sus frutos. Hoy en día, podemos decir que las kettlebell son una de las herramientas más reconocibles en cualquier actividad de entrenamiento funcional y no convencional.

El objetivo del manual que está en tus manos es LA DIFUSION, espero que te sirva para adentrarte en el mundo de las kettlebells o bien para profundizar tus propios conocimientos. Es mi deseo y objetivo que este manual sea difundido y que todos aquellos que deseen aprender algo más sobre esta herramienta puedan tener acceso a material de calidad, en castellano y con explicaciones claras, útiles y concisas.

También, te invito a que accedas a mis otros manuales que continúan esta obra, como "kettlebell furioso y no convencional", a la serie de videos "52 técnicas básicas con kettlebells" y a todo el material abierto y gratuito que podrás encontrar tanto en mi canal de Youtube, como en mi tienda:

www.jeronimomilo.com.ar

JERONIMO MILO

Mi historial de entrenamiento se origina en las artes marciales chinas, el Jiu Jitsu, el Tai Chi y el Chi Kung, la gimnasia deportiva y otros deportes de combate. Formalmente mis estudios son la Osteopatía, la Anatomía, la Biomecánica y la Fisiología pero gran parte de mi vida fui un autodidacta en la mayoría de los aspectos que desarrollé y sigo desarrollando. Comencé a entrenar kettlebells luego de leer los pocos libros de Pavel que apenas se podían conseguir en el comienzo de la década del 2000. Me convencí inmediatamente de que era lo mío, luego de seguir una recomendación que hacía Pavel sobre la práctica del windmill. Lo proponía como posible ejercicio de contracción excéntrica de la cadena posterior lateral, para ayudar a dolencias como el síndrome del piramidal que me aquejaba en esa época. Luego de entender y practicar caí completamente hechizado bajo el encanto de las kettlebells y así el desarrollo de la fuerza comenzó a ser un factor importante y decisivo en mi vida. El círculo comenzaba a cerrarse porque había encontrado también un método de fuerza con transferencia adecuada para las artes marciales.

Al principio no existían las kettlebells en el país (salvo aquella reliquia olvidada en algún gimnasio) y tuve que fabricar las kettlebells en Argentina para convencer a profesores del exterior a venir al país a formar a los primeros practicantes. También necesitaba de esta herramienta para comenzar a entrenar por mi cuenta. Tras meses de cálculos, inversión de capital, ingenio y la habilidad necesaria para ingresar en la cultura de la fundición de hierro, logré fabricar las primeras kettlebells del país.

El acceso a la herramienta de entrenamiento me permitió comenzar a entrenar adecuadamente por mi cuenta y tan pronto como pude, comencé a organizar workshops con profesores internacionales, generando poco a poco una comunidad de practicantes locales. Los primeros en venir fueron los norteamericanos enseñando una mezcla de estilo duro con kettlebell deportivo. Luego de un par de años de visitas y viajes míos al exterior (U.S.A, Alemania, Sudáfrica) y viendo la dificultad de consensuar su manera de ver las cosas con respecto a la realidad latinoamericana, decidí viajar a la cuna del kettlebell situada en Rusia y más específicamente en la ciudad emblemática del kettlebell a nivel mundial: San Petersburgo. Allí entrené con los mejores competidores de kettlebell de la historia entre los que se encuentran los HMS (Honored Master of Sport) Arseny Zhernakov, Anton Anasenko y Sergey Raschinsky, como también con Maestros del Deporte de la talla de Denis Vasilev, Khostov y Benidze.

Luego de estos viajes creé KBLA (Kettlebell Latinoamerica) que, como su nombre lo indica, pregona intereses conjuntos a favor de los países que componen Latinoamérica, priorizando la difusión en idioma castellano de forma accesible e incluso gratuita.

Desde el 2008 he organizado más de 10 visitas de maestros internacionales, certificaciones y capacitaciones a nombre de KBLA. También he viajado a Chile, Uruguay, Paraguay, Brasil, Perú, Ecuador, Colombia, Costa Rica y a las provincias Argentinas de: Buenos Aires, Santa Cruz, Río Negro, Santa Fe, Jujuy, Entre Ríos, Chaco, Misiones, Mendoza, Corrientes y Córdoba. También, desde 2010, llevé a cabo los primeros torneos de kettlebell deportivo de latinoamérica, muchos de ellos bajo reglas oficiales de IUKL (International Union Of Kettlebell Lifters).

En los últimos años he estado completamente dedicado a la generación de contenido en redes sociales y material original como manuales, videos instruccionales y cursos online. Mis cursos *"Entrenador certificado de kettlebells"* y *"Fundamentos de la anatomía funcional y patrones de movimiento"* los cuales he dictado en la prestigiosa plataforma G-SE, han servido de base y fuerza generadora para escribir muchos de estos manuales.

1. TEORIA:

FUNCION DEL KETTLEBELL:

Antes de comenzar, nos vemos en la obligación de definir la función del kettlebell. Esto nos ayudará a entender "por qué" y "para qué" practicaremos o le dedicaremos tiempo y esfuerzo, a esta modalidad pudiendo cumplir así los objetivos que nos propongamos.

Un kettlebell puede ser usado con diferentes objetivos, algunos tendrán sentido (sobre todo aquellos en donde el uso se refiera a la función para la que fue usada y desarrollada la herramienta) y otros no tanto, debido a que cumplirán objetivos insensatos o simplemente sería más fácil usar otra herramienta para conseguir determinado fin.

Un Kettlebell, es básicamente una bola de hierro con una manija en donde la mayor parte de la masa del peso, se encuentra condensada por debajo o cerca de nuestro agarre.

Así, podemos asegurar que la forma, características y diseño de esta herramienta nos servirán para trabajar en los siguientes dos elementos.

da su forma. Todos estos movimientos balísticos previos, facilitan que cuando se le agregue una ráfaga de aceleración al objeto, este YA SE ENCUENTRE PREVIAMENTE EN MOVIMIENTO, por lo que será mucho más fácil ACELERARLO.

Así podremos obtener movimientos más veloces, pudiendo trabajar la potencia en determinados patrones de movimiento. También, se facilitará mantener el peso en movimiento con poco gasto de energía, gracias al péndulo o al rebote que genera la forma de la pesa. Casi todos los ejercicios de kettlebell deportivo poseen este factor, lo que hace más fácil mantener la ejecución durante tiempos prolongados, con menor gasto de energía. Ejercicios clásicos, como el snatch o el jerk con kettlebell, necesitan de este impulso para su ejecución. El elemento balístico nos permitirá trabajar principalmente la potencia con kettlebell. Obteniendo así diferentes resultados con una gran variedad de ejercicios.

1. BALÍSTICO:

El término balístico se aplica a un objeto que se mantiene en movimiento gracias a un impulso inicial. En el movimiento humano, lo comprendemos al poner en movimiento un sector del cuerpo o un objeto sostenido por él, gracias a la acción de un determinado grupo de músculos sin ofrecer frenado ni desaceleración. Cuando tomamos un kettlebell y gracias a su forma (gran parte de la masa del kettlebell se encuentra colgando de su manija), es más fácil realizar movimientos de tipo pendular. Como toda la masa se encuentra densamente concentrada en un espacio pequeño (la esfera), también es más fácil ponerla en movimiento por la comodidad que nos

2. ESTABILIZACIÓN:

Cuando sostenemos un kettlebell con la mano, por dentro del espacio entre el mango y la esfera, nos encontramos con que la bola de la pesa queda apoyada en nuestro antebrazo (algo no muy agradable al principio) y que el peso no queda repartido equilibradamente sobre nuestro antebrazo (de hecho se siente muy inestable al principio). Al estar la mayor parte de la masa muy cerca de nuestro eje de ejecución, la estabilización se verá comprometida todo el tiempo. El peso del kettlebell nunca queda balanceado ni con respecto al antebrazo ni con respecto a otras estructuras del cuerpo. Esta característica hace que sea más difícil estabilizar esta masa concentrada que lo que sería estabilizar una masa repartida (recordemos al equilibrista que se equilibra con un bastón). Todo aquel que haya probado hacer un press con dos kettlebells de 20 kilos, se ha dado cuenta de inmediato que no es lo mismo que hacerlo con 40 kilos con una barra. El kettlebell se siente más inestable (porque lo es) y el trabajo unilateral exige activar determinados grupos musculares en el tronco que demandan una estabilización extra. Con esto en mente, nos damos cuenta que los ejercicios más clásicos de kettlebell exigen no sólo una estabilización constante, sino un trabajo extensivo de propiocepción (percepción de la posición de las articulaciones o una parte del cuerpo). Al levantar un kettlebell, usaremos los músculos fásicos para generar movimiento y desplazar la masa de la pesa, pero también tendremos que usar la musculatura tónica estabilizadora, responsable de los procesos de estabilidad y sostén. Siendo así una herramienta que genera un buen balance entre la musculatura responsable de los movimientos amplios y explosivos como también de la musculatura estabilizadora.

En estos casos, la estabilización será un requerimiento para poder expresar nuestra fuerza. Esto convierte al kettlebell en una herramienta de fuerza, al tiempo que mejoramos y ponemos a prueba la estabilización, la movilidad y la percepción de dónde se encuentran el peso y nuestras partes corporales. Mediante este estímulo, podremos mejorar el correcto funcionamiento de todos los músculos responsables, tanto de la fuerza como del equilibrio.

Pero no todo es tan reducido como hablar de balístico y estabilidad en kettlebell. En los movimientos con base balística, hay una alta demanda de velocidad en la ejecución, así como una perfecta coordinación entre los niveles de relajación previa y posterior al movimiento. Esto le da una característica distintiva a los ejercicios de potencia con kettlebells: su alto grado de eficiencia. No hay movimientos torpes ni parásitos en un movimiento potente con kettlebell porque sino la ejecución estaría limitada en velocidad o calidad. Estos movimientos son los favoritos del kettlebell deportivo (estilo de competencia) por su alto nivel de eficiencia y los bajísimos tiempos bajo tensión muscular, lo que les permite realizar ejecuciones de hasta 10 minutos continuos. Estos ejercicios también son muy efectivos a la hora de crear entrenamientos intermitentes de alta intensidad, porque nos permitirán realizar muchas repeticiones explosivas en periodos reducidos de tiempo.

Por otro lado, los movimientos básicos de estabilización, son los más adecuados para mejorar la estabilidad, la movilidad (que siempre va a ser una demanda considerable, debido a las exigentes posturas propias del kettlebell), el trabajo unilateral y el control de la zona media. Esto nos permitirá sostener un peso libre sin que se presenten compensaciones en el eje central de nuestro cuerpo. Estos ejercicios son propios de un estilo de fuerza y desarrollo de la estructura que muchas veces es denominado "Hard Style" o kettlebell funcional, al que se le suman también las levantadas balísticas, haciéndolo muy completo para la función que busquemos cumplir.

Establecidas las dos funciones en base a la forma, pasamos a detallar el desarrollo del kettlebell para fuerza o para potencia.

KETTLEBELL

— BALISTICO
— ESTABILIZACION

KETTLEBELLS PARA FUERZA:

Al ser un objeto de carga, el kettlebell puede usarse fundamentalmente como una herramienta de desarrollo de la fuerza. Pero la gran diferencia que presenta, es que al estar la mayor parte de la masa muy cerca de nuestro eje de ejecución, la estabilización se verá comprometida todo el tiempo. Así, además de tener que usar nuestra musculatura movilizadora principal (músculos de palanca larga), también nos veremos obligados a usar la musculatura estabilizadora (musculatura corta), para poder mantener el peso equilibrado y en control.

La ventaja de su forma nos permite adaptar diferentes posturas en varios planos, lo que someterá a nuestras articulaciones a posiciones de gran movilidad en ángulos que si bien son biomecánicamente óptimos y saludables, requerirán una gran medida de movilidad y flexibilidad. Todas estas cualidades de movilidad, control, estabilidad y equilibrio son las que hacen que la gran mayoría de los ejercicios con kettlebells, sean denominados "autolimitantes"; es decir, que la ejecución de los mismos depende justamente de tener estas capacidades. Si las mismas no se presentan a la hora de ejecutar el ejercicio, por más fuerza y coraje que tengamos, simplemente no los vamos a poder realizar, porque carecemos de todas las capacidades necesarias para poder ejecutarlos. Recordemos por ejemplo que sin equilibrio, la fuerza no podrá expresarse y el entrenamiento con kettlebells requiere de mucho de este equilibrio.

KETTLEBELLS PARA POTENCIA:

Aprovechando el impulso que conseguimos gracias a la forma de la pesa, podemos acelerar más el objeto porque este ya se encuentra en movimiento. Como ejemplo, sabemos que no es lo mismo tratar de desplazar empujando un objeto estático, que hacerlo sobre uno que ya se encuentra en movimiento.

Así en kettlebells, y gracias a que su forma nos facilita poner la carga en movimiento antes de hacer la fuerza, será más accesible acelerar al máximo la carga a movilizar.

Si bien los clásicos ejercicios de potencia con kettlebell (jerk, snatch y clean & jerk) se usan en kettlebell deportivo, no son privativos de este y pueden usarse en cualquier estilo de kettlebell; como herramienta específica, para mejorar la potencia de la cadena posterior (en el caso del snatch) o mejorar la potencia de los empujes tanto de miembros superiores como inferiores, como sucede en el jerk que combina ambos empujes.

También, existe una extensa batería de ejercicios con kettlebells para trabajos de potencia como el clean, el push press y el high pull. Además, todos aquellos movimientos en los que podamos aprovecharnos de la forma de la pesa para ponerla en movimiento previamente a la acción principal. De esta manera facilitaremos el levantar más peso, o el hacerlo más rápido, con un peso con el que ya estemos trabajando.

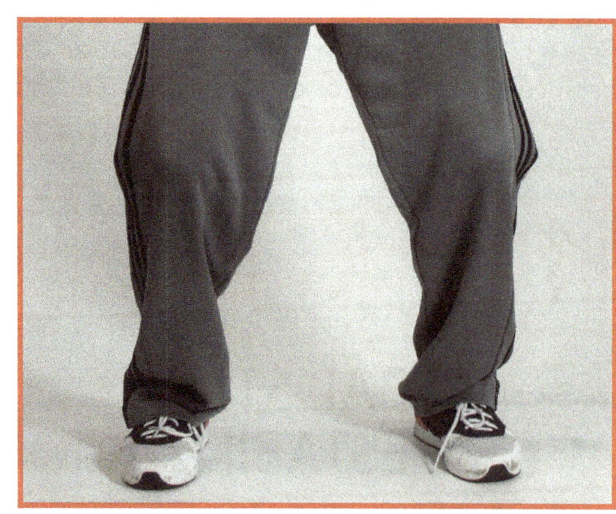

- Kettlebell es la palabra compuesta en inglés para definir esta herramienta. Es la unión de kettle (pava) y bell (campana). Claramente la composición de estas dos palabras es principalmente descriptiva con respecto a su forma. Si bien en diferentes países tiene variadas denominaciones, por consenso en todo el mundo, se usa esta palabra para identificar este tipo de pesa.

- En Rusia se lo conoce con el nombre de GIRYA que literalmente quiere decir "pesa" o mancuerna.

- En América latina he acuñado la terminología "pesa rusa", que es claramente descriptiva por su origen geográfico.

- La kettlebell clásica, generalmente pintada de negro es usada por los practicantes de estilos duros o hard style, en conjunto con la denominación kettlebell. Antagónicamente, los practicantes del deporte ruso prefieren llamarla Girya.

KETTLE = PAVA (CACHARRO)

BELL = CAMPANA

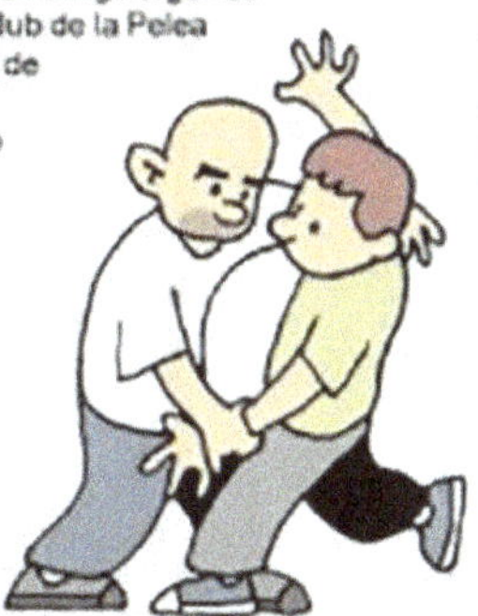

Página 12. Por Daniel Paz (2009).

FORMA Y FUNCION DEL KETTLEBELL

Más allá de la innumerable cantidad de modelos existentes, vamos a definir el entrenamiento kettlebell con dos tipos de pesas:

- **Iron Cast:** pesa de hierro tradicional negra y con manijas gruesas.

- **Girya (prograde):** con manijas más finas y gran espacio entre el mango y la esfera.

El Iron Cast o kettlebell tradicional, es una pesa fabricada enteramente de hierro gris. La característica principal es que en la medida que aumenta su peso, cambia su forma y por eso a mayor peso, son cada vez más grandes. Su aspecto es rústico y generalmente son de color negro. Su manija es bastante gruesa, lo que la hace más apta para trabajos de fuerza que nos permitan abarcar más espacio con nuestra mano y así tener un grip más fuerte que nos permitirá irradiar más tensión en los movimientos. Esta pesa será ideal para trabajos de fuerza y equilibrio (al cambiar la forma hay que adaptar el equilibrio también) pero será bastante incómoda para situaciones de eficiencia y resistencia, en donde la pesa tendría que estar diseñada para no cansar el grip o para ser más estable.

La pesa deportiva está diagramada para no cambiar de forma en la medida que cambia de peso (esto se logra porque están huecas), eso hace que la técnica utilizada sea la misma por más que cambiemos de peso. Desde el primer día que se entra a un gimnasio de kettlebell deportivo y se levanta la primera pesa de 8 kilos, hasta el último día con la de 32 kg, la técnica es la misma en lo que respecta a la forma del movimiento. Su mango es más fino, lo que permite sostenerla con los dedos en forma de gancho en vez de usar un agarre activo y al usar musculatura profunda más resistente, nos cansará menos el antebrazo. El espacio entre el mango y la pesa es mayor para que la pesa descanse mejor sobre el brazo y la mayor parte posible del resto del cuerpo. Por último, el tamaño es mucho más grande que las "Iron Cast", para que el peso se reparta lo más posible sobre nuestro cuerpo.

DIFERENTES PESAS Y COLORES

Por lo general se estila trabajar con los dos modelos anteriormente mencionados, y si bien se puede encontrar una gran variedad de modelos en lo que respecta a forma y composición (de plástico, rellenas de arena) principalmente se elige trabajar con el modelo Iron cast o con la Girya.

Los pesos tradicionales están basados en una antigua medida agraria rusa, llamada pud. Un pud son 16 kilos (16.3807 kg) y de ahí vienen los pesos nominales 16 y 32 kg y sus derivados de 8 kilos: 8, 16, 24, 32 kg. Y sus variantes de 4 kg: 4, 8, 12, 16, 20, 24, 28, 32.

Una característica distintiva de las kettlebells deportivas son sus colores para poder identificarlas, si bien podremos encontrar diversos colores estos tienen una normativa internacional que por lo general se define de la siguiente manera:

8 kg: Rosa
12 kg: Azul
16 kg: Amarilla
20 kg: Morada
24 kg: Verde
28 kg: Naranja
32 kg: Roja

También encontramos algunos pesos intermedios como 26 kg en color marrón o 40 kg en color blanco o gris. También pueden encontrase pesas de más kilos, en color negro, plateado o color oro, para pesas de hasta 80 kilogramos que pueden verse en demostraciones circenses.

Por lo general, si la diferencia entre pesos nominales es de 1 o 2 kg, se utiliza el mismo color. Por ejemplo: 17, 18, 19 kg en amarillo, 21, 22, 23.

¿QUE PESA ELEGIR?

Para elegir correctamente una pesa, no podemos dar una fórmula mágica aplicable a todas las personas. Las diferencias de fuerza, historial de entrenamiento, tamaño e incluso objetivos hacen imposible recomendar un peso a partir de una sola de estas características.

Recomendaciones según entrenamiento:

- Las pesas de plástico funcionan bien para una clase básica de fitness o un personalizado en una plaza. Son accesibles al tacto para los alumnos nuevos y más livianas que un kettlebell convencional. Pero no servirán para trabajar la fuerza en un programa más avanzado y serán un incordio para técnicas como el clean o el snatch.

- Las pesas iron cast son el "caballo de batalla" de cualquier modelo de entrenamiento con kettlebells. Su forma cambia en la medida que cambiamos de peso, lo que nos obliga a adaptar constantemente nuestro cuerpo a la forma y a los ajustes del equilibrio. Es muy importante que el mango de estas pesas se encuentre PERFECTAMENTE pulido sin rebabas ni agujeros que puedan lastimar la piel de las manos.

- Las pesas deportivas o pro grade servirán para prácticamente todas las funciones, pero dificultará la ejecución de algunos ejercicios como el caso del Bottom Up. Si bien no es fácil conseguirlas en Latinoamérica, son una muy buena inversión para el practicante serio.

- Resulta IMPOSIBLE indicar los pesos a elegir, sin conocer el estado físico ni el historial de la persona. Por lo general, recomiendo establecer 3 cargas tomando como modelo la ejecución de un ejercicio especifico. Así trataremos de tener tres pesas con las que podamos realizar.

1. **Pesa pesada: No más de 5 swings.**
2. *Pesa Mediana: Una repetición de TGU lenta.*
3. *Pesa Liviana: 10 press continuos.*

BENEFICIOS GENERALES:

FISICOS:

A continuación, vamos a enumerar algunos de los beneficios generales de la práctica con Kettlebells:

- Movimientos a altas velocidades con gran transferencia a gestos deportivos, gracias a su impulso balístico.
- Movimientos realizados con todo el cuerpo usando cadenas musculares.
- Amplio trabajo de movilidad y estabilización de la cintura escapular.
- Activación constante del núcleo.
- Por sus características morfológicas obliga a activar los estabilizadores.
- Es una herramienta que "nos pone en evidencia", cuando la técnica no es ejecutada correctamente. Los mismos ejercicios ayudan a evaluar estos errores, corregirlos y potenciar la buena técnica.
- Versatilidad para incluir en clases, circuitos y programas.

COMO HERRAMIENTA:

- Buena relación costo beneficio.
- Fácil de transportar.
- Catalogación por color.
- Accesible para estibar y ordenar en depósitos.
- Prácticamente indestructibles.
- Diseño atractivo para marketing.

Un POCO de HISTORIA

Resulta tremendamente difícil encontrar una relación directa entre la adopción del kettlebell como herramienta de entrenamiento y un momento histórico puntual. Debido a las diferentes versiones, es difícil definir con precisión el origen histórico de la herramienta. Muchos hablan de que existían kettlebells en la antigua Grecia o que los Otomanos empleaban esta herramienta para el desarrollo de sus luchadores. Incluso, existen varias historias disparatadas como por ejemplo, que fue creada por piratas que agregaron manijas a sus bolas de cañón, para poder transportarlas. Si bien encontramos herramientas con formas similares, ninguno de estos indicios apunta a una relación lineal entre las herramientas usadas en ese momento (por ejemplo una piedra con agujero) con una kettlebell actual. Lo más posible es que cualquier humano interesado en proyectar un peso aprovechando el elemento balístico o de inestabilidad, se haya encontrado en necesidad de diseñar una herramienta similar en donde el peso y la mayor parte de la masa, se encuentren concentrados por debajo del agarre. Podemos ver así piedras griegas con agujeros posiblemente usadas con este fin, las herramientas de fortalecimiento utilizadas por los practicantes de karate y las famosas piedras chinas con mangos ("stone locks" o candados de piedras rectangulares), usadas principalmente para desarrollar el estilo de malabar. Incluso, podemos encontrar elementos mucho más pesados, como el bloque de piedra que se encuentra en el patio de entrenamiento de la familia Chen, del estilo Tai Chi Chuan, en China. Generalmente se acepta que la kettebell era originalmente una herramienta usada en el mundo agrícola. Se utilizaba como contrapeso en balanzas, para pesar granos y otros productos. Así, podemos encontrar kettlebells desde pocos gramos hasta casi los 100 kilos con

diferencias de 1 kilo e incluso de a gramos.

No está claro en qué preciso momento alguien se puso a balancear estos instrumentos, ni en qué momento estas actividades empezaron a relacionarse directamente con el entrenamiento físico. Es en 1797 que el Zar Pablo I emite un edicto que obliga que los pesos sean de forma esférica. Otras fuentes indicarían que su uso como herramienta de entrenamiento es de origen Alemán (teorías que son explicadas en mi libro Archivos secretos Kettlebell).

En Europa occidental encontramos claros registros de antiguos strongman y forzudos de circo (mediados y fines del 1800) levantando kettlebells, ya sea como elementos de desarrollo físico, proezas de fuerza o en exhibiciones. Uno de los más conocidos, fue Arthur Saxon quien le dedicara varias fotos, ejercicios e incluso capítulos en muchos de sus libros, al uso del kettlebell. Popularizó ejercicios como el Bent Press, Swing y el Two Hands anyhow, verdaderos ejercicios no convencionales o encadenados cortos, adelantándose más de un siglo a los modelos de entrenamiento que hoy están de moda.

En libros poco conocidos de la década del 20, como el del polaco Ladislaus Pytlasinski, podemos incluso encontrar la GRAN MAYORIA de los ejercicios con kettlebells enseñados en los cursos y certificaciones modernas de esta herramienta. Comprendiendo así, que el entrenamiento con kettlebell y casi la totalidad de sus ejercicios, no son una idea moderna. Este material poco conocido, lo puedes encontrar en "Archivos Secretos Kettlebell", de mi autoría.

El kettlebell como herramienta de entrenamiento, puede encontrarse en muchos registros en Europa, Norteamérica y Rusia hasta antes de la segunda guerra. Luego comienza a desaparecer, en parte debido al surgimiento del fisicoculturismo y otras corrientes del fitness, que utilizan otro tipo de herramientas o máquinas para desarrollar su musculatura. A finales de la década del 90, vuelve a resurgir de la mano de Pavel Tsatsouline, quien de manera muy ordenada e inteligente, logra integrar tanto:

- Sus conocimientos sobre fuerza y entrenamiento derivados de la edad de oro soviética.
- Los antiguos manuales de los strongmen de finales de 1800, que describen el entrenamiento con kettlebells, como los de Arthur Saxon, Ladislaus Pytlasinski, Herman Goerner, Siegmund Klein, Charles MacMahon, e incluso otros más modernos.
- Las corrientes que surgieron a finales de los 90 y comienzos del 2000, como el entrenamiento funcional, el crossfit, el entrenamiento no convencional y la corriente de entrenamiento primal.

Por otro lado, en Rusia no hubo un corte en su continuidad como sucedió en occidente, incluso se propagó y desarrolló, convirtiéndose en lo que hoy se conoce como el Kettlebell Deportivo (girevoy sports). En la década de 1950, el interés por organizar torneos y competencias era tal, que el gobierno ruso accede a incluir al kettlebell deportivo, como un departamento autónomo en la Federación de Levantamiento Olímpico de la Unión Soviética. Allí "imita" las formas de levantar de esta disciplina y de esta manera, las levantadas principales del kettlebell pasan a ser: Jerk, Snatch y Press. Con el paso de los años, las levantadas se van modificando y en la década del 70, se quita el Press de las competencias (al igual que en el levantamiento olímpico). También, se establecen cambios en los tiempos y categorías, adoptando el formato actual de los 10 minutos de competencia y para la década de 1980, se incluye una de las levantadas definitivas: el Clean y Jerk, también conocido como Long Cycle.

Otros estilos se han desarrollado con el paso de los años, entre ellos el kettlebell de malabarismo (juggling) que antiguamente, era prácticamente imposible de separar del entrenamiento kettlebell. También, el kettlebell como exhibición folclórica (común en algunos países de la ex Unión Soviética), donde se exponen diferentes habilidades en un formato casi de demostración-espectáculo, y las corrientes más modernas como el kettlebell funcional, el kettlebell usado en Crossfit, en el entrenamiento "primal", el armado de los "flows", etcétera. Además, se utiliza hoy en día como herramienta para entrenamientos de diversos deportes y en muchos casos, para fisioterapia y rehabilitación.

La historia completa de kettlebell supera ampliamente los objetivos de esta obra. Con respecto a los detalles históricos más precisos recomiendo mi obra "Archivos Secretos Kettlebells" en donde indago en profundidad sobre la creación, desarrollo y modelos de entrenamiento de esta herramienta en los últimos 300 años. Además, su relación con el entrenamiento de la fuerza funcional, la resistencia, el desarrollo muscular con fines estéticos e incluso (y dependiendo del área y el contexto histórico), como herramienta social.

Hoy en día las kettlebells son reconocidas por su forma y muchos las han incorporado a sus entrenamientos. Sin embargo, su verdadera función y las posibilidades que nos ofrece esta herramienta continúa siendo un misterio para muchos. El conocimiento del uso histórico y las herramientas actuales de comprensión (biomecánica, anatomía y entrenamiento moderno) nos permitirán sacarle el máximo provecho para nuestros objetivos.

VERSION DE GET UP CON KETTLEBELL
CON PLANCHA LATERAL EXTENDIDO

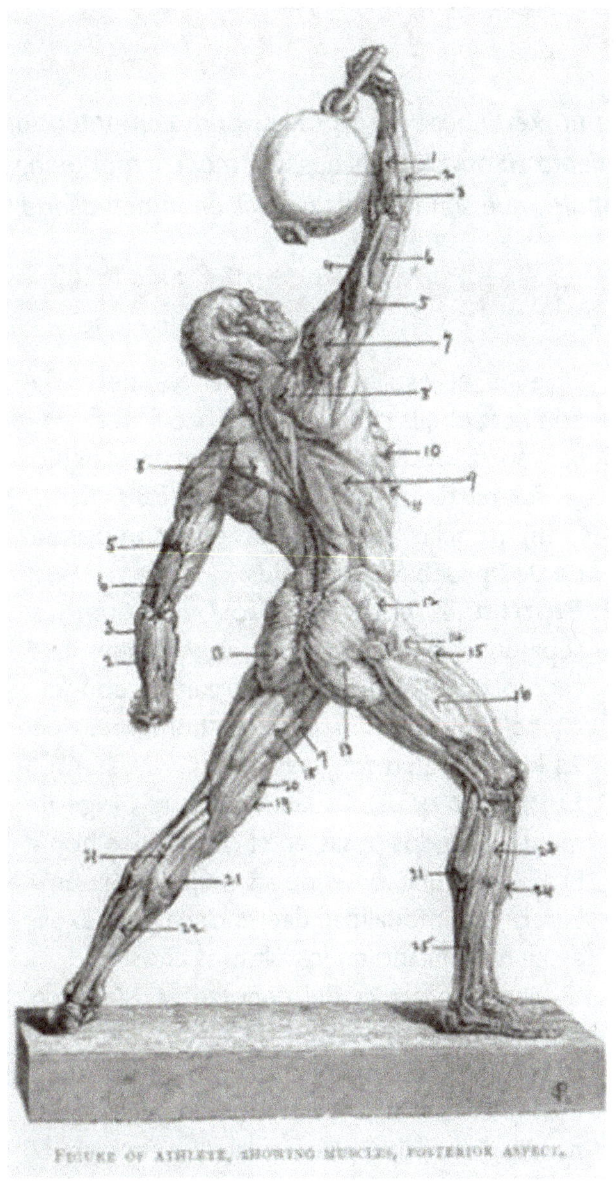

Descripción del snatch con kettlebells en el libro de Sandow.

Piedra que fotografié en el año 2000 en el patio de la casa de la familia Chen del estilo de Tai Chi en China. Peso estimado: entre 60 y 80 Kg.

Juego de pesas rusas de tipo Joyero [Archivos Secretos Kettlebell 2021] .

Pesa regulable diseñada por la compañia "Milo" para desenroscar y rellenar con arena, arcilla, municiones o discos de hierro.

2 ESTILOS DE KETTLEBELL:

Si bien existen diferentes maneras de practicar con un kettlebell (para fitness, para competencia, para fuerza, para hacer malabarismos, como herramienta en otras disciplinas, por moda o marketing, etcétera), vamos a definir dos grandes estilos principales que son los más fuertes en la actualidad:

HARD STYLE:

Es un nombre que se usa para definir al kettlebell como herramienta de fuerza y desarrollo físico, su denominación es para diferenciarlo del kettlebell de resistencia o deportivo. Lo podríamos definir como kettlebell funcional (porque serviría para cumplir con una función específica que nos propongamos) y en algunos casos de pre habilitación y rehabilitación. Fue desarrollado por Pavel Tsatsouline y es un estilo básico de fuerza, equilibrio y desarrollo de ejercicios, en los que la ejecución de la fuerza está limitada por la calidad en la ejecución del movimiento. Es por eso, que muchas veces se lo relaciona con el concepto de ejercicios autolimitantes.

GIREVOY SPORTS:

Este es el estilo original de competencia con kettlebells ruso. Se comenzó a desarrollar en la década de 1950, pero consiguió su forma definitiva durante los 80's. Estas competencias de 10 minutos se componen de dos pruebas principales:

Biatlon: la componen dos competencias separadas, que son el Snatch y el Jerk. Las categorías profesionales se realizan con kettlebells de 32 kilos para los hombres y de 24 kilos para las mujeres.

Long Cycle: es el Clean y el Jerk. Originalmente, con dos pesas en el caso de los hombres y con una, en el de las mujeres. Sin embargo, esta modalidad diferenciada por sexos, se ha modificado en los últimos años.

Si bien el objetivo del deporte es ganar, en las levantadas deportivas de kettlebell encontramos un interesante concepto funcional de movimientos: el Jerk contiene empuje, dominancia de rodilla y plano axial de ejecución. El snatch contiene jalón, dominancia de cadera y plano anteroposterior. El Long Cycle combina todo en un solo ejercicio: empuje, jalón, dominancia de cadera, de rodilla y plano axial y anteroposterior.

OTROS ESTILOS DE KETTLEBELL

Aclarado que existen dos estilos principales con esta herramienta, también nos encontraremos con otras formas de utilizarla:

- **Kettlebell Funcional:** será aquel entrenamiento destinado a cumplir una función específica para otra disciplina. Por ejemplo en un deporte, arte marcial o como herramienta en un escenario de pre o rehabilitación.

- **Kettlebell Malabar:** se utiliza principalmente para entrenar la velocidad, la reacción y el amortiguamiento a una fuerza externa. Puede entrenarse con fines de performance o de mera exhibición.

- **Kettlebell de exhibición:** se trata de cualquier representación cultural o artística en donde se utilice la técnica del levantamiento con kettlebells para contar una historia. Por ejemplo, las performances de strongman de circo o incluso el material de promoción utilizado en redes sociales.

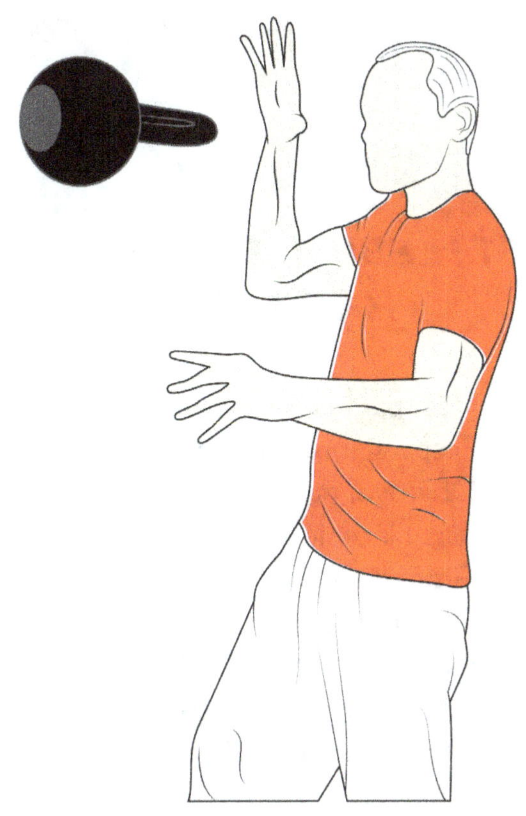

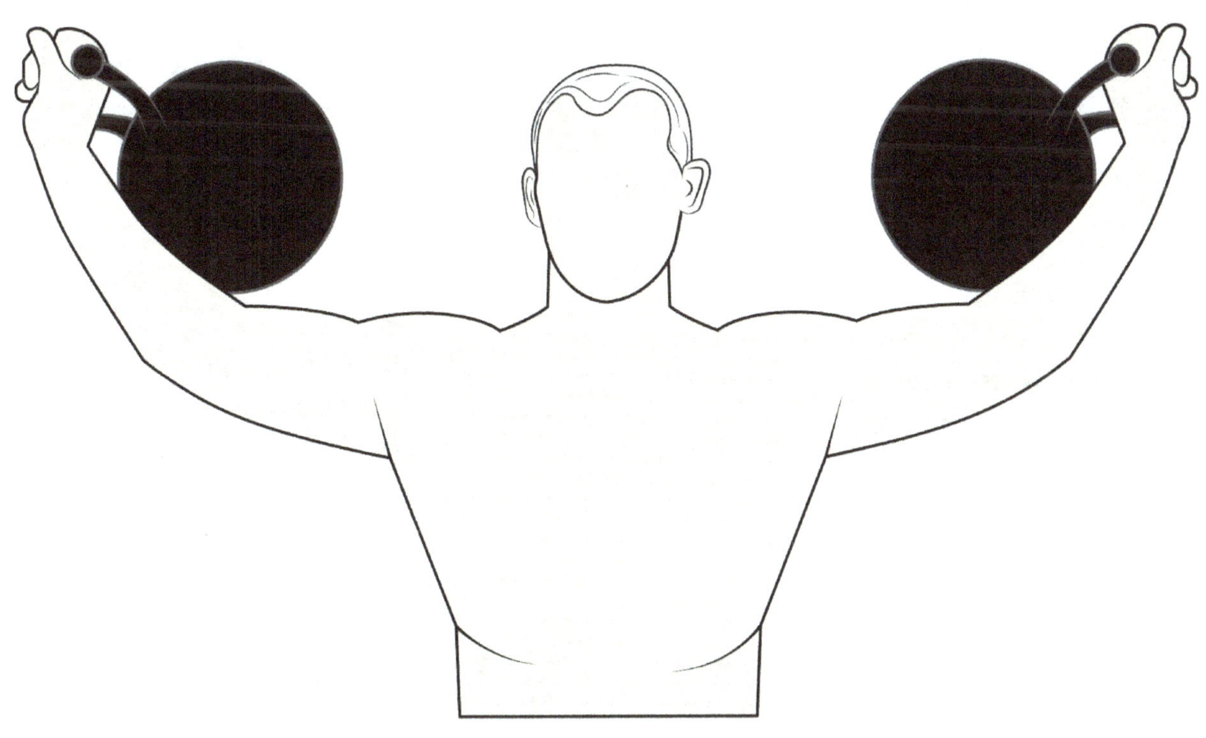

¿QUÉ ESTILO ELEGIR?

KETTLEBELL FUNCIONAL O HARD STYLE	KETTLEBELL DEPORTIVO
BENEFICIOS • Ideal para alumnos nuevos. • Preparación física general. • Objetivo: mejorar la postura. • Más hincapié en fuerza. • Gran variedad de ejercicios. • Ejercicios que exponen déficits. • Ejercicios autolimitantes. • Ejercicios correctivos. • Herramienta en circuitos y complejos. • Herramienta accesoria. • Innumerables ejercicios. • Sistema que se renueva	**BENEFICIOS** • Es muy específico. • Alto rendimiento. • Competencias nacionales y mundiales. • Poner a prueba al máximo las capacidades de fuerza - resistencia. • Aumentar la resiliencia psicológica. • Diversión.
DESVENTAJAS • Innumerables ejercicios. • Mucho hincapié en la fuerza poco en la resistencia. • Poco específico. • Sus ejercicios no justifican competencia.	**DESVENTAJAS** • Complejo para programar y para periodizar • Es demasiado específico. • Dominancia de fibras lentas y vía oxidativa. • Compensaciones posturales. • Exposición al uso de esteroides en niveles de alto rendimiento. • Categorías por peso (bajadas de peso abruptas para competir en categorías inferiores). • Uso principal de solo tres técnicas.

MAESTROS Y GIREVIKS FAMOSOS

Entre los diversos maestros del Hard Style o del kettlebell funcional, podemos detallar una lista fundamental para adentrarnos en este tipo de estilo. Pavel Tsatsouline es sin duda el nombre más importante; es uno de los responsables de que esta herramienta se conozca en occidente y se haya popularizado tanto gracias a sus libros como su influencia sobre otros entrenadores, profesores, autores y fisioterapeutas como Gray Cook, Bret Jones, Stuart Mcguill y Mark Cheng. Dan John, quien escribió libros en colaboración con Pavel, es uno de los responsables de muchos ejercicios con kettlebells, como el Goblet squat, el sumo contra la pared o el desarrollo conceptual de la caminata del granjero. Todos estos aportes hicieron que la técnica de kettlebell SE NUTRIERA de todos estos expertos del fitness y la mecánica corporal, generando nuevos ejercicios o mejorando los antiguos. Si comparamos el primer libro de Pavel con las técnicas y desarrollos actuales, encontraremos que el volumen de técnicas se ha multiplicado por diez.

Otro nombre clásico de esta modalidad del kettlebell es Arthur Saxon, un famoso levantador y strongman del siglo XIX del que aún sobreviven fotografías, demostrando sus proezas de fuerza y sus ejercicios. En la actualidad, también se encuentran profesores importantes en este estilo como: Steve Maxwell, Mike Mahler, Eric Leija, Kelly Manzone, etcétera.

Algunos Gireviks famosos (generalmente rusos) y que ostentan el título de HMS (maestro honorífico del deporte) son: Ivan Denisov (HMS) que es el recordman indiscutido y considerado uno de los más grandes de todos los tiempos. Arsenij Zhernakov (HMS), un especialista de la ciencia y la fisiología del entrenamiento que visitó muchas veces Argentina. Raschinsky (HMS) es un recordman que figura en el libro Guinness y que posee diversas cadenas de gimnasios en San Petersburgo, donde entrenan los principales campeones. Mishin Sergey (HMS), una leyenda del deporte. Valery Fedorenko, un famoso levantador que hizo escuela en EEUU. Ksenia Dedyukhina, una de las mejores competidoras de la actualidad con incontables récords y Antón Anasenko (HMS), otro de los mejores competidores de la historia, con quien tuve la oportunidad de ser entrenado en Rusia.

Si bien estos son los nombres más conocidos, existe una extensa lista de importantes deportistas, sin embargo, su longitud excede el propósito de esta obra.

2.PREPARACION

REQUERIMIENTOS BASICOS:

Como toda técnica específica, el kettlebell exige determinados puntos a cuidar, antes de comenzar con su entrenamiento. Al manejar un peso libre y no contar con la ayuda de una máquina, polea o palanca para mover esta pesa de singulares características, nos encontraremos con algunos desafíos. Aquí toma valor la frase de marketing que dice: "la máquina sos vos". Entonces, si vamos a simular ser una máquina, necesitamos buenas poleas, buen material de soporte y, sobre todo, un centro bien ajustado que pueda soportar y transferir las fuerzas desde o hacia las extremidades, sin que el cuerpo pierda su integridad en el proceso y pueda llevar a cabo la tarea.

El objetivo de este manual es presentar los ejercicios fundamentales y más conocidos, pero también preparar previamente esta "máquina", que será un alumno, un practicante o nosotros mismos. Por eso, ordenamos una serie de ejercicios que recomiendo dominar antes de pasar a las levantadas clásicas de este sistema.

Para todos los ejercicios deberíamos tener un refuerzo de núcleo básico (core), un mínimo trabajo de equilibrio y de movilidad articular general y la capacidad de poder mantener la integridad bajo carga, mientras transportamos un objeto.

También el conocimiento conceptual de los patrones de movimiento, diferenciando el jalón y el empuje de los brazos en distintos planos. También, poder reconocer qué trabajos son dominantes de rodilla y cuales dominantes de cadera en nuestro tren inferior.

Para las dos levantadas de potencia más importantes del sistema (Jerk y Snatch) y de las cuales derivan gran parte de los ejercicios, aconsejo:

- **Para el Jerk:** sus derivados o regresiones como el press y el push press; que la persona pueda mínimamente hacer una sentadilla completa sin peso, que pueda elevar los brazos completamente por encima de la cabeza hacia arriba, alineando el brazo con la línea media lateral, y que pueda acercar el bíceps del brazo elevado a la oreja, sin generar compensaciones en otra parte del cuerpo. También recomiendo que posea un control mínimo de la anteversión/retroversión de la pelvis (como el que se ve en el ejercicio "gato contento, gato enojado") pudiendo diferenciarlos de la flexión y extensión pura de cadera.

- **Para el Snatch:** sus derivados o regresiones como el clean y el swing; es importante que se entienda el movimiento de flexión/extensión de la articulación de la cadera sin que se modifique la curva fisiológica lumbar y que posea las mismas capacidades que se exigen en la posición por encima de la cabeza del Jerk. Más importante aún, es que se diferencie el movimiento generador más desde las caderas, que desde las rodillas. También, que tenga una mínima estabilidad en las escápulas durante los movimientos de jalón, que sea capaz de retraer un poco las escápulas mediante ejercicios básicos como jalones con bandas elásticas o incluso, poder realizar dominadas estrictas o trabajo con TRX. Esto le proporcionará un soporte óptimo a la hora de estructurar la espalda, para poder resistir el jalón que va a generar la pesa acelerada.

A continuación, presento de manera sencilla los conceptos por los cuales podremos evaluar la estabilidad y movilidad del alumno, al tiempo que introduzco una serie de ejercicios de dificultad progresiva, para poder enfrentar todos los ejercicios de kettlebells con el cuerpo ya preparado.

MOVILIDAD Y ESTABILIDAD (evaluación)

Si bien la temática del manual excede las pautas sobre diagnóstico y tratamiento general, nos permitiremos tener en cuenta algunos cuidados muy básicos antes de adentrarnos incluso en la práctica preparatoria.

Cuidaremos que la persona posea una mínima movilidad en flexión/extensión de la articulación del tobillo, una movilidad destacada en la articulación de la cadera, la zona torácico/dorsal y el hombro. También, y no menos importante, es la estabilización de la articulación de la rodilla, la zona lumbar, la escápula, el codo y los olvidados arcos de la bóveda plantar.

Todo esto, nos permitirá fijar las zonas que deben mantenerse en el lugar y mover aquellas que deban alcanzar una nueva posición, durante los levantamientos. Recordemos que los problemas y lesiones suelen suceder porque lo que se tenía que mover se quedó fijo y lo que tenía que quedarse fijo, se movió. Si el sistema detecta una falta de estabilidad en una zona del cuerpo y no lo puede corregir por los medios convencionales, producirá esa estabilidad quizás rigidizando la zona o quizás, usando otra estructura no tan apta para cumplir esa función. De la misma manera, una estructura que no nos esté brindando la movilidad necesaria, quizás sea suplantada por otra estructura que nos provea esa movilidad faltante, pero a riesgo de una compensación, ya que la movilidad no era su función original, o era limitada. Esta teorización, se basa en la idea de que contamos con articulaciones que son más móviles (diartrosis) y otras, que son semimóviles o poco móviles; bajo esta premisa es que se genera el famoso continuo de movilidad/estabilidad, que describiremos a continuación. Este tipo de análisis es una evaluación MUY generalizada, no específica y que tampoco debe interpretarse de manera literal: por ejemplo, se dice que la rodilla exige estabilidad pero también sabemos que la rodilla es móvil solo haciendo flexión y extensión. Y también sabemos, que si bien el hombro debe ser móvil, tiene un momento de estabilización, sobre todo cuando se encuentra sosteniendo peso.

Todas las articulaciones juegan con este balance entre movilidad y estabilidad.

DIARTROSIS
MAS PLANOS Y RANGO DE MOVIMIENTO

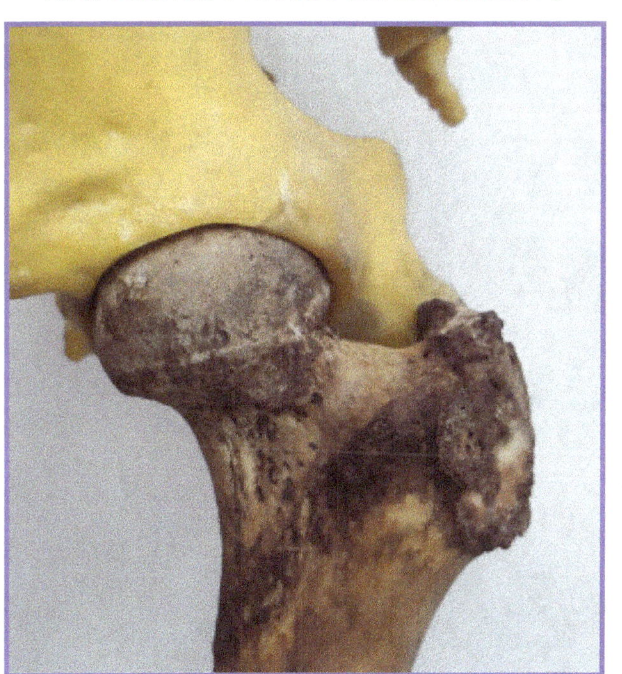

ANFIARTROSIS
MENOS RANGO DE MOVIMIENTO

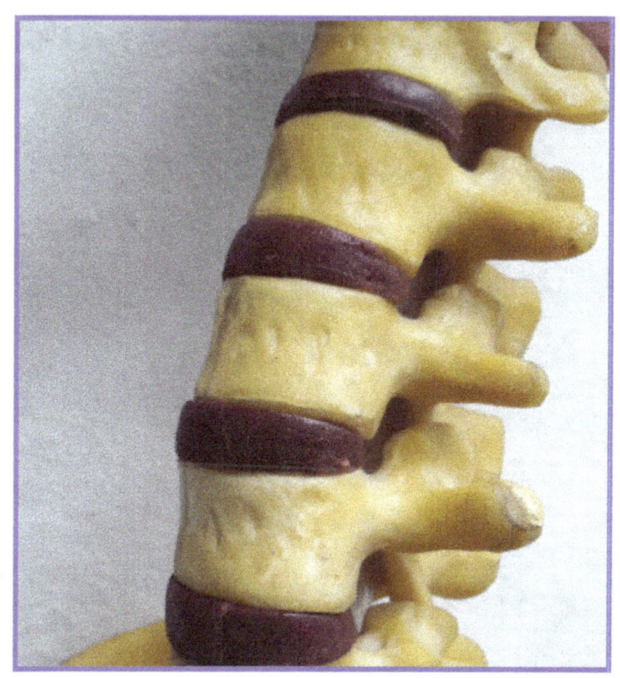

CONTINUO DE MOVILIDAD Y ESTABILIDAD
(Janda-Michael Boyle)

Basado en los conceptos del Dr. Janda, y la famosa charla entre Michael Boyle y Gray Cook de la que se desprende este concepto, nos encontramos con una simplificación de lo que permite el formato articular en lo que respecta a los movimientos que el cuerpo está preparado para hacer. En resumen y luego de ver sus formas y maneras de articular, podemos decir que hay segmentos del cuerpo preparados para producir mucho movimiento y otros más preparados para generar estabilidad o resistir al movimiento.

ESTA ES UNA PAUTA DE TRABAJO SIMPLI-FICADA; si lo vemos en detalle nos daremos cuenta que la rodilla, que tiene que estar estable, también debe presentar buena movilidad en flexión extensión y que en flexión, va a presentar pequeños movimientos fisiológicos de rotación. Sin embargo, la realidad es que el parámetro que más exige y el más comúnmente ausente, es la estabilidad. De hecho, si se presenta una rodilla con poca movilidad en flexión/extensión, estamos ante una situación patológica. Por otro lado, el tobillo (tibioastragalina), solo debe presentar movilidad en flexión/extensión sin confundirlo con los movimientos de rotación y abducción/aducción, propios del pie. Por eso usamos este diagrama como análisis general del movimiento.

Este análisis lo usaremos para EVALUAR todos los ejercicios con kettlebell, obteniendo así una rápida herramienta que encaja con todos los movimientos y funciones posibles.

PIE (BOVEDA)	ESTABILIDAD
TOBILLO	MOVILIDAD
RODILLA	ESTABILIDAD
CADERA	MOVILIDAD
ZONA LUMBAR	ESTABILIDAD
ZONA TORACICA DORSAL	MOVILIDAD
ESCAPULA	ESTABILIDAD
HOMBRO	MOVILIDAD
CODO	ESTABILIDAD

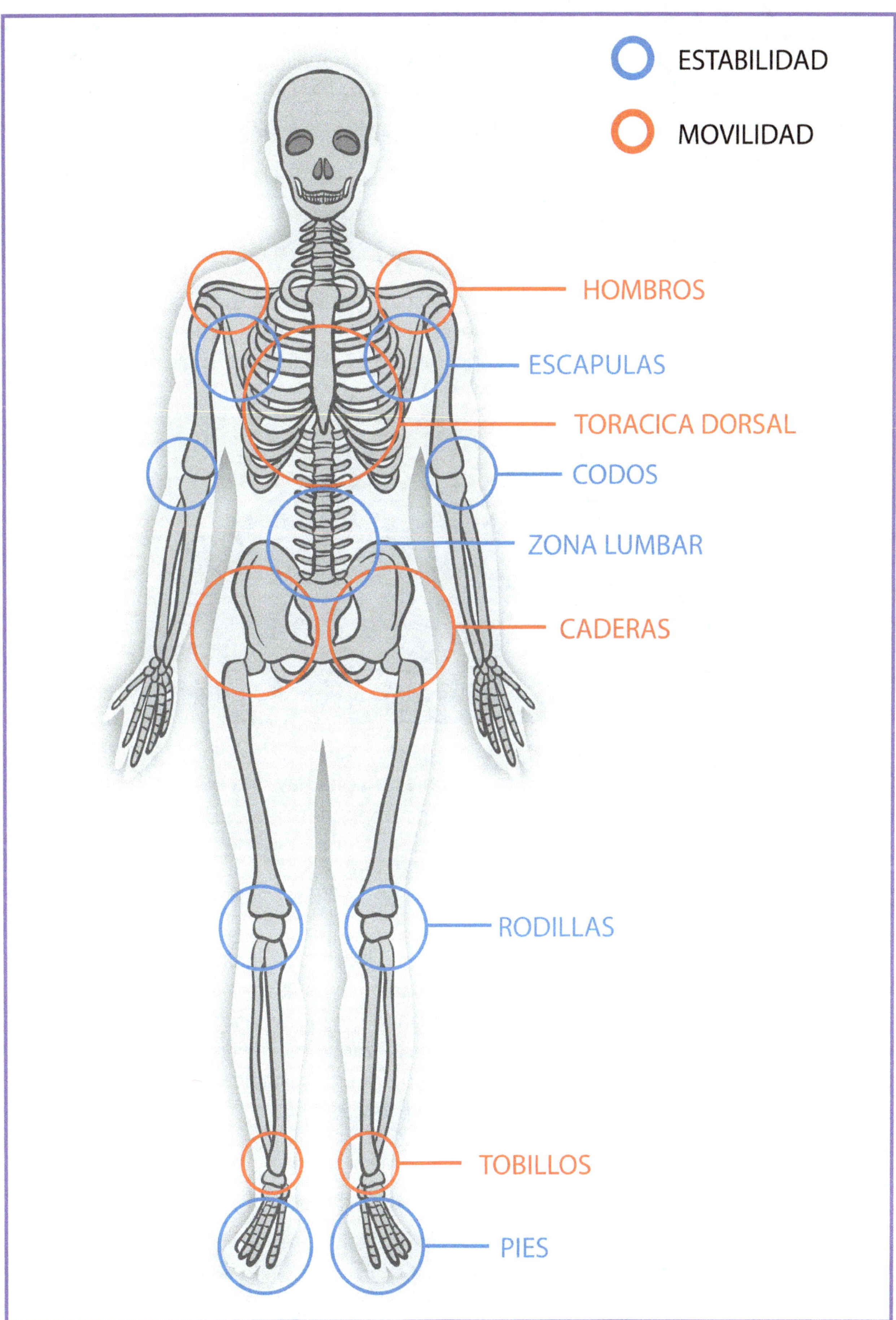

ESTABILIDAD
MOVILIDAD
HOMBROS
ESCAPULAS
TORACICA DORSAL
CODOS
ZONA LUMBAR
CADERAS
RODILLAS
TOBILLOS
PIES

CINTURA ESCAPULAR Y TORAX

Aquí localizaremos varios puntos en donde debemos cumplir con determinados requerimientos de ESTABILIDAD y MOVILIDAD.

Zona Torácica Dorsal (TD)	Móvil en flexión/extensión y rotación.
Escápulas	Estables, y adheridas al tórax (pero móviles)
Articulación del hombro	Móvil (pero estable dentro de su articulación)
Codos	Fijos y estables ESTABILIDAD.

Si en los ejercicios no logramos extender correctamente la zona torácica, será muy difícil elevar los brazos por encima nuestro. Esto se debe a que la escápula sigue la forma del tórax y si esta presenta mucha convexidad posterior, será muy difícil lograr la elevación del brazo con un buen ritmo escapular.

CINTURA PELVICA

En esta zona hay dos puntos fundamentales que debemos trabajar:

Caderas	Móviles.
Zona Lumbar	Estable.

Cuando realicemos la mayoría de los movimientos con kettlebells, intentaremos que el eje del movimiento se genere en las caderas, mientras mantenemos la zona lumbar lo más estable posible. Si las caderas poseen poca movilidad, cuando queramos realizar algún movimiento, de seguro compensaremos esta falta de movilidad realizando movimientos en la zona lumbar, corrompiendo así la estructura que originalmente debía estar estable.

EL CASO DEL SWING AMERICANO
en la movilidad estabilidad

En este (tan injustamente criticado) ejercicio, localizaremos varios puntos en donde debemos cumplir con determinados requerimientos de ESTABILIDAD y MOVILIDAD *(quizás casi todos los del cuadro del continuo).*

Este avanzado ejercicio ha sido incorporado con aterradora velocidad a la industria del fitness y ha sido terriblemente mal usado en las clases, provocando en muchos casos lesiones y disfunciones. El problema es que este no es un ejercicio básico como muchos pueden pensar; es un ejercicio que demanda mucha movilidad en los hombros debido a que al sostener la pesa con ambas manos, la movilidad de los hombros está más restringida. Esta limitación estructural, no va a ser un problema para alguien con buena movilidad, pero si ese no es el caso, va a hacer que no pueda elevar los brazos lo suficiente como para poner el peso por encima de su cabeza, generando así dos aberrantes compensaciones:

1) *Que exagere la lordosis lumbar con tal de posicionar el peso por encima de la cabeza.*

2) *Que adelante la cabeza para que el peso quede por encima de esta o en el peor de los casos ambas compensaciones al mismo tiempo.*

En la primera foto, vemos todas las compensaciones juntas y en la segunda una variante en donde el núcleo se mantiene intacto mientras el principal punto de movimiento, se genera en cadera y los hombros.

En resumen, ¿es bueno o malo el swing americano? ¡Solo es malo si está mal ejecutado! El problema es que se trata de un ejercicio que demanda MUCHA movilidad/estabilidad y requerimiento de capacidades que quizás no sean las propias de un alumno nuevo, que aún no ha hecho ni su primera plancha sobre el suelo.

ANTES DE EMPEZAR: ALGUNOS AJUSTES y requerimientos RECOMENDADOS

PROTRACCION Y RETRACCION (abducción y aducción)

Fundamentales para swing, swing a una mano, clean y snatch. Analicemos que en estos ejercicios, si bien nosotros no jalaremos a la pesa, recordemos que el peso acelerado va a JALAR nuestro miembro superior y es fundamental poseer fuerza de retracción de la escápula, para poder sostener y resistir esta fuerza. Recomiendo, sentado con los codos estirados, jalar una banda elástica solo con el movimiento de nuestras escápulas, para registrar y trabajar los músculos responsables de esta acción. También recomiendo progresar hacia jalones horizontales, usando elementos de suspensión y en su fase más avanzada, dominadas estrictas y dominadas con carga.

PLANCHA

Este es un ejercicio básico de sostén que todos deberían practicar: decúbito prono (boca abajo) con los codos y los pies apoyados en el suelo, sostendremos todo el cuerpo separado del suelo sin alterar las alineaciones básicas de la columna y enfatizaremos la contracción de la zona abdominal y los glúteos, manteniendo todo el cuerpo en una sólida estructura.

ELEVACION y DESCENSO ESCAPULAR

Fundamental para entender y posicionar la escápula lo más pegada posible al tórax en la posición overhead, recordemos que el kettlebell es una herramienta TREMENDAMENTE INESTABLE y aquí no existe tal cosa como los hombros "activos". En la posición overhead, buscaremos la activación del serrato anterior para que la escápula quede lo más pegada, baja y rotada externamente, con respecto al tórax. Recomiendo ejercicios coordinativos de elevación y descenso, SIN modificar la extensión del codo.

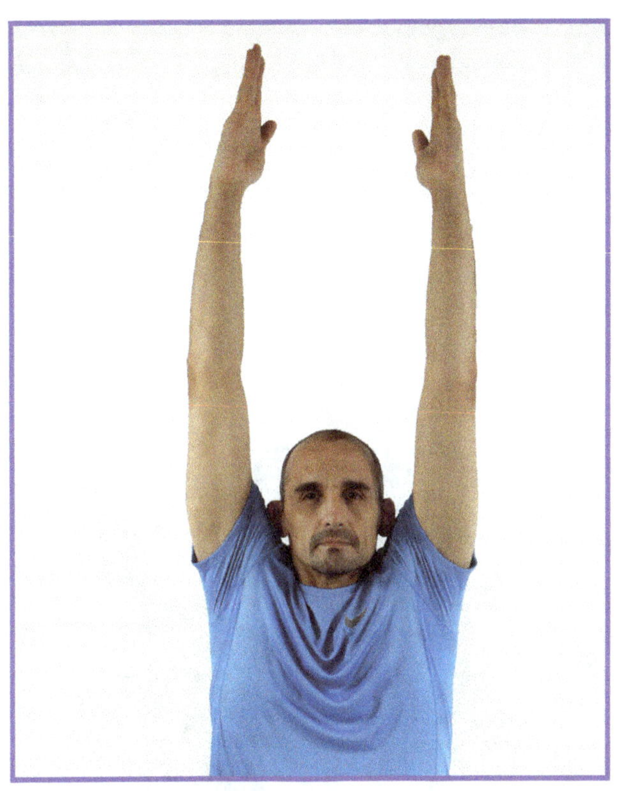

PROTRACCION/ RETRACCION ESCAPULAR (PUSH UP PLUS)

Este ejercicio es fundamental para mantener la escápula cercana al tórax, al activar el serrato mayor.

Partiendo desde la plancha y manteniendo toda la columna vertebral alineada fisiológicamente, descenderemos todo el cuerpo. Así, las escápulas sobresaldrán de la espalda. Subiendo y bajando el torso, realizaremos el movimiento contrario hasta que las escápulas queden bien pegadas a la espalda. Cuidaremos de no generar compensaciones en la posición de la columna.

SENTADILLA PROFUNDA

Con los pies separados al ancho de nuestros hombros y las puntas de los pies ligeramente apuntando hacia afuera (esto dependerá mucho de la forma de la cadera del practicante, lo que permitirá bajar con mayor o menor apertura y rotación), flexionaremos las rodillas, los tobillos y las caderas hacia abajo. Mantendremos la zona lumbar activa para que no se redondee exageradamente la curva lumbar; de hecho, evitaremos cualquier tipo de modificación en esta zona. El torso se mantendrá erguido, con la cabeza en posición neutra con respecto a la columna.

PROBLEMAS MÁS COMUNES:

Históricamente, este es uno de los ejercicios en donde más se ha errado, al realizar un diagnóstico y localizar a qué se deben los errores de ejecución.

Vemos practicantes que durante años han intentado elongar el tendón de Aquiles u otras zonas, que no son responsables de la limitación en la ejecución de esta postura. Entre las causas más comunes (y no por ello las únicas) encontramos:

• _Falta de activación del glúteo mayor:_ Esto provocará que las rodillas colapsen hacia adentro y que la carga se distribuya exclusivamente sobre los cuádriceps, haciendo imposible bajar más. Es recomendable hacer ejercicios de sostén que activen la zona y maniobras con elementos (como las bandas elásticas alrededor de las rodillas para que el alumno baje mientras activa los glúteos, sobre todo para sostener la estructura en la fase profunda).

• _Falta de movilidad torácica/dorsal:_ esta es una de las razones principales por la que el alumno no puede mantener vertical el torso con respecto al movimiento. La levantada turca y el molino, son ejercicios excelentes para aumentar la movilidad a nivel dorsal.

• _También el acortamiento e hipertono:_ en el psoas ilíaco, provoca una desactivación del glúteo mayor.

• _Fallas a nivel de control motor:_ recomiendo reeducación progresiva del movimiento, usando ejercicios específicos y cajones o topes para ir regulando las alturas progresivamente.

• _Otros:_ en menor medida, una pobre movilidad

en los tobillos. Falta de coordinación o alguna lesión que limite el movimiento.

Recomiendo enfáticamente realizar el test "rockback" sugerido por Ariel Couceiro, para chequear si la limitación está en los tejidos o es un problema propio del control motor. En este se ve la posición de la pelvis en la flexión profunda y se puede observar también la configuración ideal de la sentadilla, en términos de apertura y distancias. Así, podremos definir si la limitación entra en el terreno del equilibrio o se trata de una limitación a nivel de los tejidos.

SENTADILLA PROFUNDA CON BASTON

Con los pies separados al ancho de nuestros hombros o ligeramente más abiertos y rotados externamente, flexionaremos las rodillas y las caderas pronunciadamente, mientras que nos sentamos hacia abajo. Mantendremos la zona lumbar activa para que no se redondee exageradamente la curva lumbar. En la medida en que bajamos más la pelvis, tenderá a moverse hacia la retroversión, por eso enfrentaremos este movimiento intentando llevar la pelvis a la anteversión en todo momento, conservando así la curva natural de la zona lumbar.

El torso se mantiene erguido, con la cabeza en posición neutra con respecto a la columna. Utilizaremos un bastón para verificar que podemos mantener las medidas establecidas, que la concavidad posterior de la zona lumbar no se rectifica en lo más mínimo y que el cóccix no se desplaza hacia adelante (pelvic tilt).

TORQUE

Torque es un concepto ya conocido hace décadas en el mundo de la fuerza y de las artes marciales y por supuesto, en el mundo en general desde hace miles de años. Con diversos nombres como: retorcimiento, fuerza de doblado, fuerza helicoide, fuerza compuesta y otros, ha sido descrito siempre como un elemento fundamental a la hora de conseguir fuerza y estabilidad en una acción. El término torque se entiende como "fuerza de torsión" o más adecuado "fuerza que provoca un efecto de rotación sobre un eje", concepto que desarrollo extensivamente en mi obra "Fuerza Entrenamiento Anatomía" (Volumen 1,2,3).

La fuerza de torsión externa en los miembros inferiores, se produce principalmente con la activación del glúteo mayor, uno de los músculos más grandes y poderosos del cuerpo y responsable principalmente de la rotación externa de la cadera. Como ya expliqué, además de desacelerar y sostener la postura profunda, este músculo mantiene una tendencia hacia la rotación externa de la cadera.

Con este músculo de nuestro lado, ya tenemos un excelente aliado a la hora de hacer la postura profunda. También, la activación de este músculo acentúa el momento de rotación externa de la rodilla, haciendo mucho más estable esta articulación y evitando que se colapse hacia valgo (rotación y colapso interno). Esta posición de rotación interna con carga, sería nefasta para los ligamentos de esta articulación. Esta activación, con la ayuda de los músculos de la pierna, genera también más estructura en la bóveda plantar, lo que nos proporciona un mejor apoyo para nuestros pies (recordemos que necesitábamos un pie ESTABLE y esto solo podrá suceder si la bóveda plantar está correctamente armada y activada). Esta fuerza de rotación también hará que la cadera esté más estable, bajo un equilibrado punto de movilidad y estabilidad en el sostén de la posición final.

Este "torque" lo volveremos a encontrar en la articulación espejo de la cadera: el hombro, con sus rotadores externos cumpliendo una función similar.

El requerimiento para poder adentrarse a un trabajo más profundo de sentadillas, push press y jerk implica, no sólo la movilidad y estabilidad de la zona inferior, sino también similares condiciones en el tronco y las extremidades superiores. Un ejercicio que determina nuestro nivel de movilidad y estabilidad en base al continuo, son las sentadillas usando un bastón.

1. Sentadilla profunda sosteniendo un bastón por encima de nuestra cabeza con los codos extendidos, la zona lumbar activa, los talones apoyados, las rodillas alineadas con los pies y las escápulas bajas.

2. Sentadilla profunda sosteniendo un bastón por encima de nuestras cabezas con las manos JUNTAS, manteniendo todos los demás puntos mencionados en el ejercicio anterior.

Podríamos llamar al primero un requerimiento mínimo y al segundo, un requerimiento ideal, que pocos podrán dominar debido a los altos niveles de movilidad que exige en la zona dorsal/torácica y en la articulación del hombro. Como ya mencionamos en el caso del swing americano, al estar las manos juntas se limita mucho la movilidad del hombro, pidiéndole más movilidad a la zona dorsal y a la articulación gleno-humeral.

DIFERENCIAR BISAGRA DE SENTADILLA

Quizás lo que más destaca a la hora de ver un swing mal ejecutado, es la incapacidad de diferenciar un movimiento dominante de rodilla con respecto a uno dominante de cadera. Es muy común ver un swing, peso muerto a una pierna o cualquier otro ejercicio en donde el principal eje de movimiento debería estar localizado en la articulación de la cadera, se realice por el contrario con la flexión/extensión de las rodillas. Este cambio de dominancia no solo va a trabajar otro grupo muscular al objetivo que originalmente podíamos tener, sino que también puede provocar un problema biomecánico, de coordinación o generar una disfunción por tratar de realizar un ejercicio con una estructura para la que no fue diseñada.

Es fundamental (no solo para los ejercicios con kettlebell), poder diferenciar estas dos dominancias.

En la dominancia de cadera, principalmente vamos a movernos desde la articulación de la cadera. Como bien dijimos, trataremos que este movimiento se produzca con la bisagra de cadera al tiempo que mantenemos estable la zona lumbar. Que sea dominancia de cadera, no significa que las rodillas y los tobillos no hagan nada, justamente la palabra dominancia se refiere a una mayor acción de la cadera pero no por eso anulamos por completo las rodillas. Entonces al hacer la bisagra, también flexionamos un poco las rodillas y los tobillos, sobre todo para aliviar el fuerte estiramiento al que se ven sometidos los isquiosurales con la flexión de la cadera. Si nos encontramos con un alumno muy rígido, probablemente tengamos que pedirle que flexione un poco las rodillas para que pueda realizar la bisagra.

En cambio en la sentadilla, si bien la rodilla tiene casi total protagonismo, también tiene un componente proporcional de cadera. Incluso en el comienzo si no coordinamos proporcionalmente ambas flexiones, nos será imposible bajar como si de una puerta plegable trabada se tratara.

3.NUCLEO:

Una manera sencilla y descriptiva sobre el trabajo del núcleo con kettlebells, es entender que todos los ejercicios que hacemos son como las planchas, pero en posición de parados y de manera dinámica. Así determinamos que en cada ejercicio con kettlebell estamos basándonos en el concepto básico de una plancha que es *EVITAR EL MOVIMIENTO EN EL TRONCO.*

EL TRABAJO DE NUCLEO EN KETTLEBELL ES COMO HACER PLANCHAS DE PARADO

Antes de empezar, debemos chequear la presencia de patologías y desbalances musculares para luego hacer una corrección y preparación general, que debería incluir planchas en el suelo con el propio peso. Luego podremos con ese mismo concepto de RESISTIR AL MOVIMIENTO, pasar a las planchas de parado en donde el peso del kettlebell será el que tendremos que resistir, para que nuestro tronco no se mueva ni genere bisagras.

Al principio recomiendo enfáticamente realizar los ejercicios con LENTITUD, para darle tiempo a los estabilizadores a activarse y para someter a la estructura a un determinado tiempo bajo carga, generando así una adaptación apropiada. Luego de tener bien dominadas las estabilizaciones, podremos entrenar a mayor velocidad para comenzar a desarrollar las pulsiones (tensiones rápidas pasando de un grupo muscular a otro) de las diferentes zonas del núcleo. Recordemos que el objetivo en una performance deportiva, no es qué tanto tiempo pueda activarse el núcleo, sino EN QUÉ MOMENTO y con qué continuidad. Pudiendo activarse en diferentes planos, situaciones y en diferentes momentos de manera coordinada y efectiva.

Pienso que un buen diagrama de progresiones y regresiones de planchas (sin ser el único existente) con el que podemos guiarnos, podría presentarse en el siguiente orden:

1. EL NUCLEO ESTATICO	Planchas en el piso ventral, lateral, etc.
2. EL NUCLEO ESTATICO CAMBIANDO DE POSICIONES	De una plancha a la otra.
3. NUCLEO ESTATICO EN DIFERENTES PLANOS	Levantada turca.
4. NUCLEO ESTATICO DE PARADO	Halo y Alrededor del cuerpo LENTO.
5. NUCLEO POR PULSOS DE PARADO	Halo y Alrededor del cuerpo RAPIDO.
6. NUCLEO EN TRANSPORTE	Granjero lento y Valija lento.
7. NUCLEO CORRIENDO	Granjero rápido.
8. NUCLEO EN EMPUJE/TRACCION	Otros ejercicios con lastres.

REFUERZO DEL NUCLEO:

Llamamos núcleo (core) al grupo de músculos y estructuras responsables de mantener unido el torso, la espalda, las costillas, el abdomen y la pelvis entre sí, en una fuerte unidad funcional que permita realizar movimientos con las extremidades sin que su estructura se vea afectada ni compensada con movimientos parásitos. El core merece un libro aparte, porque también está conformado de otras estructuras como los músculos de la base pélvica, el diafragma, los músculos del cuello y la glotis; también, por fuerzas como la presión del aire en los pulmones y de los líquidos en las vísceras.

La práctica con peso libre es, de hecho, un entrenamiento constante de refuerzo de núcleo porque la pesa no está colgada de una polea o sostenida por una máquina. De alguna manera, la máquina somos nosotros y como tal, debemos mantener nuestro centro lo más firme posible para no sufrir compensaciones. El principal foco de atención estará puesto en que el ejecutante pueda realizar movimientos con el kettlebell en todas las alturas del cuerpo, sin que su columna pierda estabilidad ni genere compensaciones con otra parte del cuerpo que no sea la que realiza la acción. Con esto quiero decir que si el practicante no puede realizar los siguientes ejercicios propuestos con kettlebells, mientras mantiene todo su tronco unido y sin doblarse, NO PODRA EJECUTAR NI LOS EJERCICIOS MAS BASICOS DEL SISTEMA. Nuestro objetivo es poder sostener la pesa en diferentes planos y alturas sin que nuestro eje se modifique. Me arriesgo a decir que: "sin un refuerzo de núcleo adecuado no debería adentrarse en técnicas más avanzadas del sistema kettlebell ni de ningún otro sistema". Entonces vamos a entender a este grupo de ejercicios propuestos en este capítulo como REQUERIMIENTO. Muchos de los siguientes ejercicios (por no decir todos) no son realmente propios de kettlebell, son adaptaciones o modificaciones de otros ejercicios clásicos ya conocidos con otras herramientas.

El alumno más avanzado no tendrá necesidad de repetir estos movimientos, a no ser que esté interesado en seguir fortaleciendo el núcleo del cuerpo, porque el combo de técnicas clásicas del kettlebell (swing, T.G.U, press, etcétera) ya son todos ejercicios de activación del núcleo.

LOS GRAN
"ANTIMOVIMIENTO"

Debemos entender a cada ejercicio de núcleo con kettlebell como si fuera una plancha pero con una característica distintiva: con el kettlebell podemos realizar esta plancha de parado, cambiando los apoyos o en diferentes planos y posturas que no sean solo las clásicas y conocidas planchas apoyados en el piso.

Como ya hablamos, aquí no buscaremos producir movimiento si no EVITARLO. La kettlebell será la responsable de querer producir ese movimiento en algún segmento de nuestro cuerpo.

Cuando la pesa está por delante nuestro por lo general tiende a querer flexionar nuestro tronco, para evitarlo debemos activar nuestros extensores (principalmente el grupo espinal) para resistir a la flexión. Decimos que este tipo de posturas son de ANTIFLEXION y las podemos ver desde un plano sagital. Si trazamos una línea por la cintura escapular y otra por la cintura pélvica, ambas deberían mantener la alineación entre ellas.

En el mismo plano si el peso se encuentra por detrás nuestro, buscará extender nuestra columna y deberemos usar el grupo flexor para evitarlo.

Si el peso se encuentra a nuestro lateral, ya sea colgado o empujándolo, buscará inclinar el tronco. Deberemos usar todo el grupo lateral ANTIINCLINADOR para resistir a este movimiento. Esto se puede ver en el plano frontal y se identifica como una disociación entre una línea trazada a través de la cintura escapular y otra a través de la cintura pélvica, las cuales no deberían perder nivel.

Si el peso se encuentra en diagonal a nosotros ya sea colgando o empujando, la tendencia del peso será tratar de rotar nuestra columna. En este caso debemos usar todos los ANTIROTADORES para evitar este movimiento. Esto puede verificarse en un plano transverso (horizontal) en donde cuidaremos que las líneas ya mencionadas, no pierdan relación entre ellas.

En síntesis buscaremos que los dos hombros

siempre queden en la misma línea con sus caderas respectivas como si tuviéramos armada una jaula en forma de rectángulo en nuestro tronco.

ANATOMIA FUNCIONAL de la ZONA MEDIA

En el corte horizontal de la página 40 vemos gran parte de los músculos responsables de sostener el tronco en el momento que levantamos peso.

1. **Transverso espinoso.**
2. **Dorsal largo.**
3. **Iliocostal.**
4. **Espinoso.**
5. **Serrato postero inferior.**
6. **Dorsal ancho.**
7. **Aponeurosis lumbar.**
8. **Cuadrado lumbar.**
9. **Psoas.**
10. **Transverso.**
11. **Oblicuo interno.**
12. **Oblicuo externo.**
13. **Recto abdominal.**
14. **Fascia Superficial.**
15. **Fascia profunda.**
16. **Línea alba.**
17. **Fascia transversal.**
18. **Cavidad abdominal.**
20. **Cuerpo vertebral.**
21. **Peritoneo.**

Também colaboran:

Diafragma respiratorio, glotis, diafragma pélvico, fascias, glúteo mayor, glúteo medio, glúteo menor, TFL.
Y todos los músculos responsables de cumplir con la premisa de "no generar movimientos en el raquis al tiempo que producimos movimientos en las extremidades".

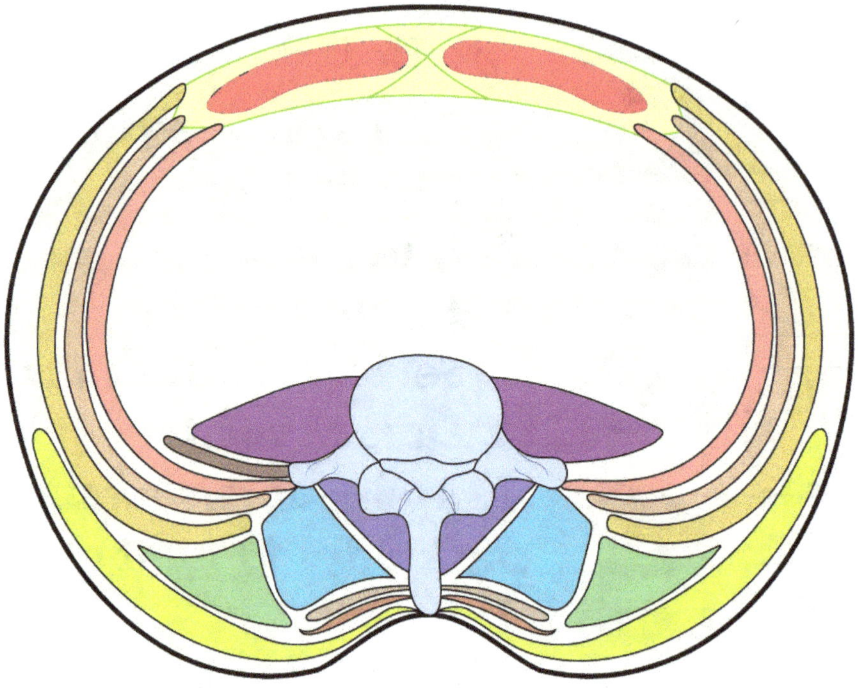

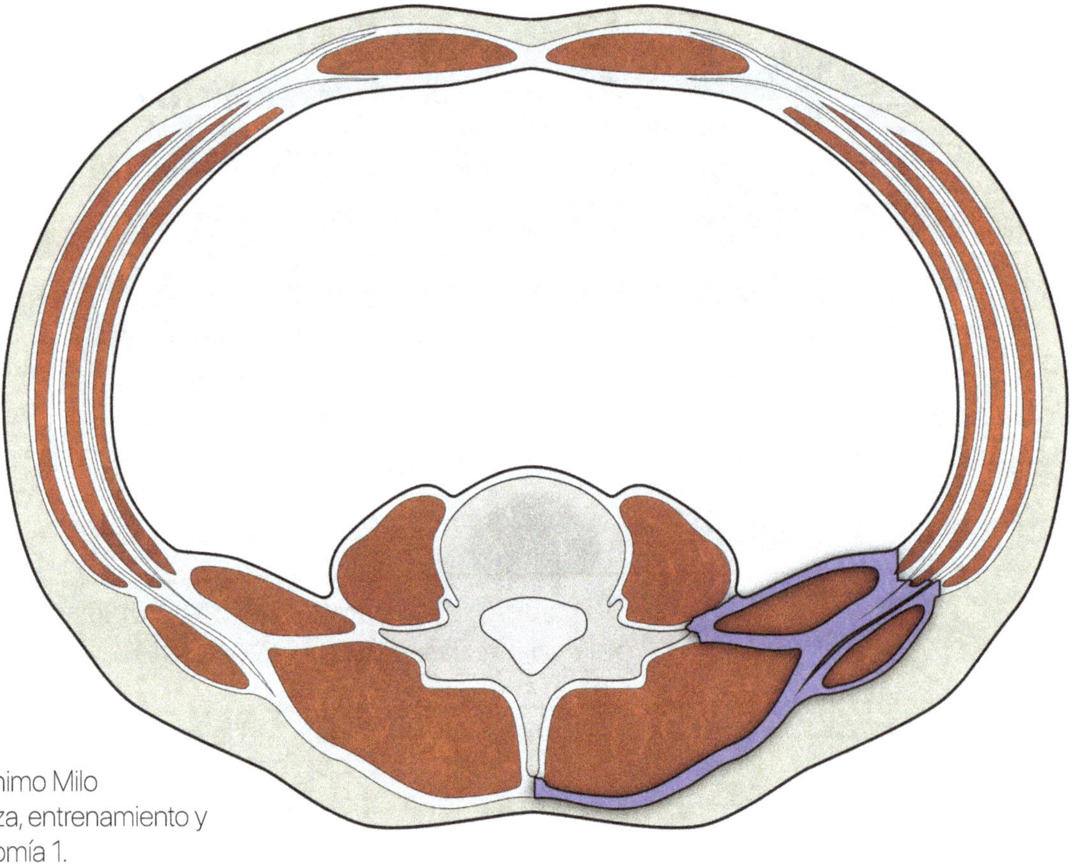

Jeronimo Milo
Fuerza, entrenamiento y
anatomía 1.

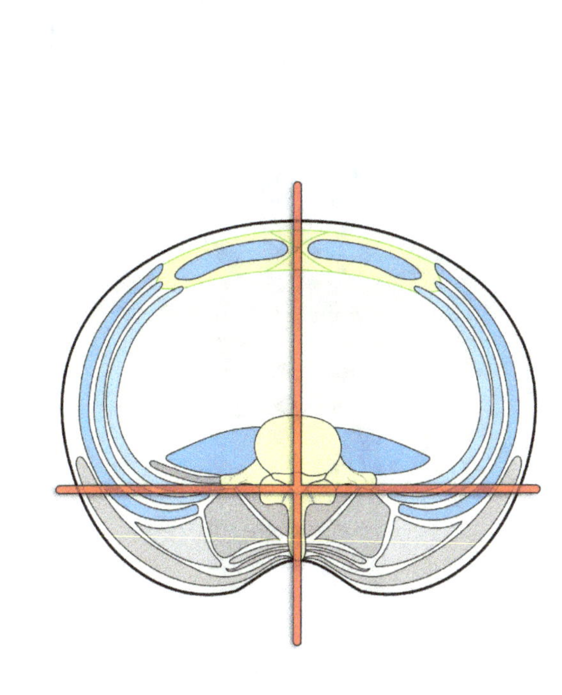

Toda la musculatura que quede por delante provocará la flexión o frenará la extensión.

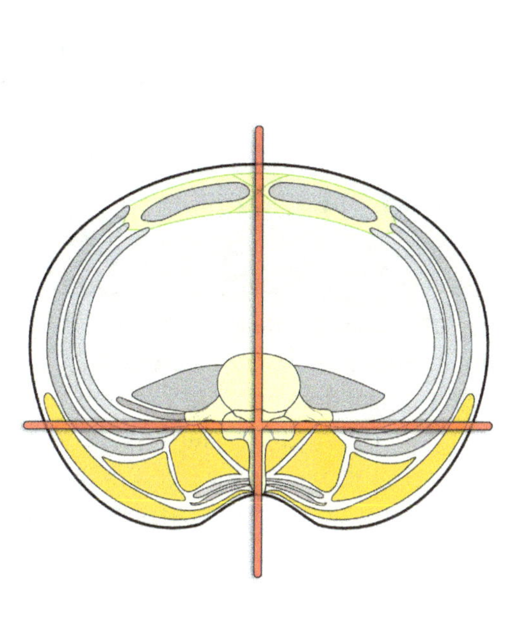

Toda la musculatura que quede por detras provocará la extensión o frenará la flexión.

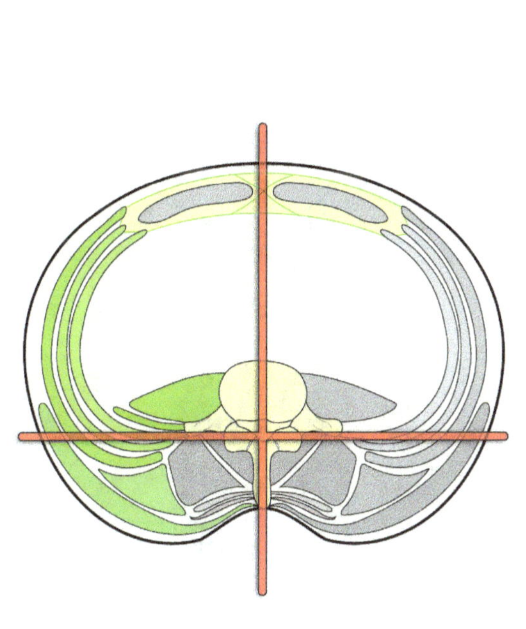

Toda la musculatura que quede lateral provocará la inclinación lateral o frenará la inclinación del lado opuesto.

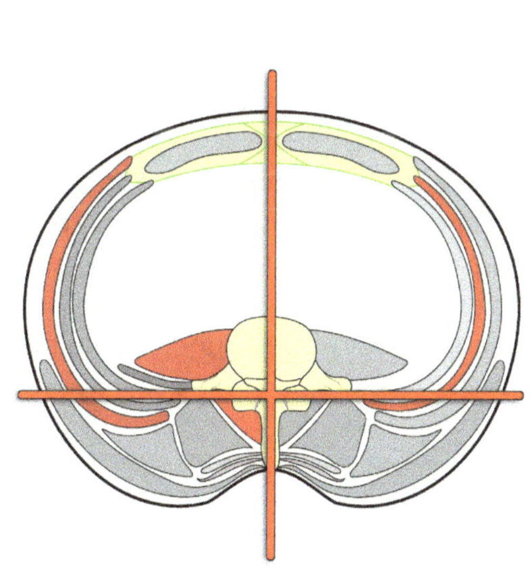

Toda la musculatura que se disponga de posterior a anterior y de medial a lateral y viceversa provocará la rotación.

ALREDEDOR DEL CUERPO

ANTI: INCLINACION, FLEXION, EXTENSION Y ROTACION.

En este caso la pesa cuelga de nuestras manos con la base hacia abajo. Esto nos permitirá tomarlo como el ejercicio más básico, ya que la pesa está colgando cerca de nuestro centro y con pocos parámetros requeridos de movilidad en alguna articulación específica. Podemos estar parados con los pies juntos o separados hasta el ancho de los hombros o lo que necesitemos según la ocasión. Cuanto más juntos, menos amplitud de base tendremos y más difícil será el ejercicio; cuanto más separados los pies, más amplitud de base y el ejercicio será más estable.

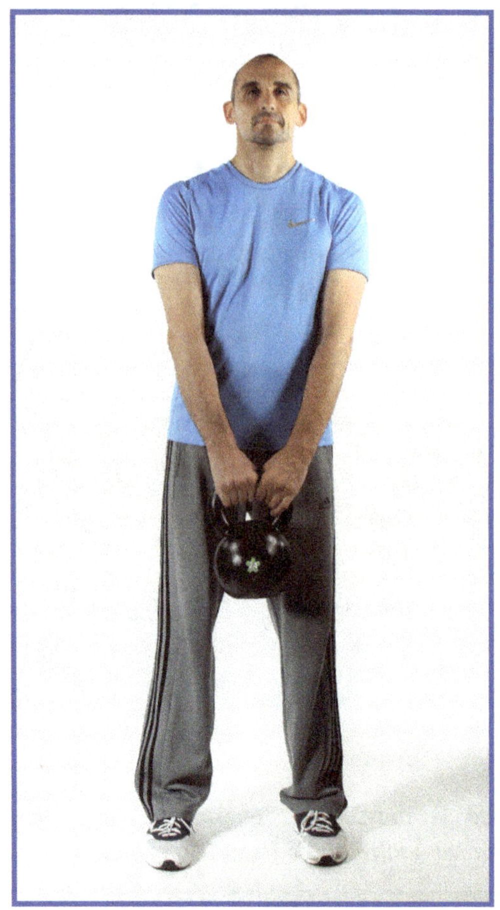

Sostendremos la pesa por el mango con una mano y la pasaremos de mano en mano, haciendo círculos alrededor del cuerpo, a la altura de nuestra pelvis. Los codos estarán completamente extendidos y se realizará fuerza de flexión para sostener la pesa. Tendremos cuidado de soltar la pesa con una mano sólo cuando la otra tenga asegurada el agarre por el mango.

Cuando la pesa esté en nuestro lateral izquierdo, evitaremos la inclinación hacia ese lado con los músculos de nuestro lateral derecho. Cuando este adelante, evitaremos la flexión de la columna con los músculos espinales de nuestra espalda y cuando este por detrás, usaremos principalmente la musculatura flexora del abdomen para evitar la extensión.

DETALLES FUNDAMENTALES:

- No inclinarse para los costados ni doblarse hacia adelante ni hacia atrás.

- Mantener los hombros a un mismo nivel.

ZONAS DINAMICAS DE ACTIVACION EN "ALREDEDOR DEL CUERPO"

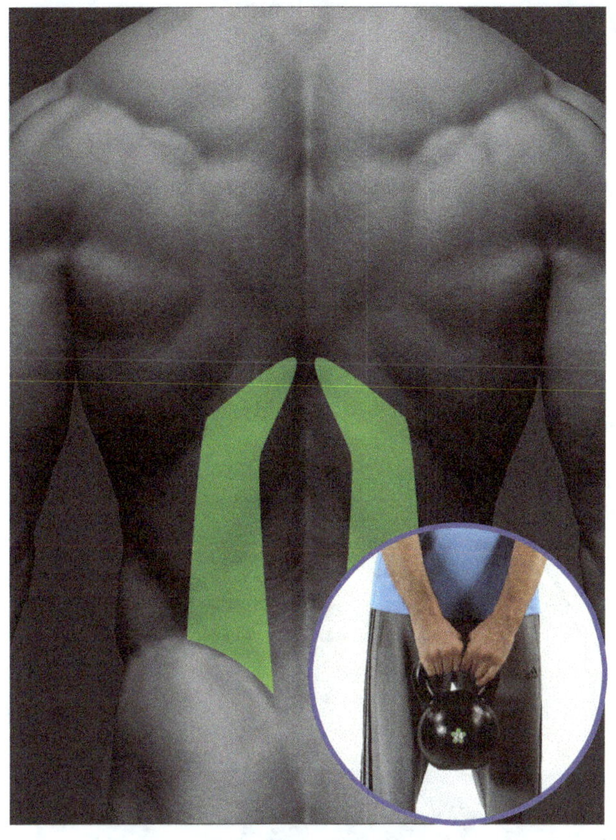

EL HALO
REFUERZO INTEGRANDO MOVILIDAD EN MIEMBROS SUPERIORES

Para este ejercicio tomaremos la pesa por el mango con ambas manos y la levantaremos con la base mirando hacia arriba. Primero la posicionaremos delante de nuestro pecho, con los codos bajos. Desde esa posición, haremos círculos alrededor de nuestra cabeza, cuidando de mover la pesa alrededor nuestro y no modificar la postura de la cabeza. Cuando pase por delante de nuestro rostro, la pesa debe estar con la base hacia arriba. En la medida en que se dirige hacia nuestra espalda, se posicionará con la base hacia abajo. Podremos hacer círculos más rápidos y dinámicos o más lentos y controlados, según busquemos generar movimientos con más inercia o ganar más fuerza y control. Notaremos que el abdomen, los oblicuos y la zona lumbar se activan para que podamos mantener la postura. Cuanto más alejemos la pesa del cuerpo, más difícil será el trabajo; en cambio cuanto más cerca de nuestro cuerpo la dejemos, más control tendremos sobre el peso y el equilibrio. Aplicará la misma lógica de alrededor del cuerpo: cuando la pesa esta delante nuestro tendremos que activar los anti flexores y cuando esté por detrás los anti extensores, etcétera.

DETALLESFUNDAMENTALES:
- Mover la pesa alrededor de la cabeza sin modificar la posición de esta.
- Ajustar conscientemente los grupos musculares que estabilizan la posición.
- No mover la cabeza.
- Mantener los hombros a un mismo nivel.

ESQUEMA SIMPLIFICADO DE ACTIVACION MUSCULAR DEL HALO

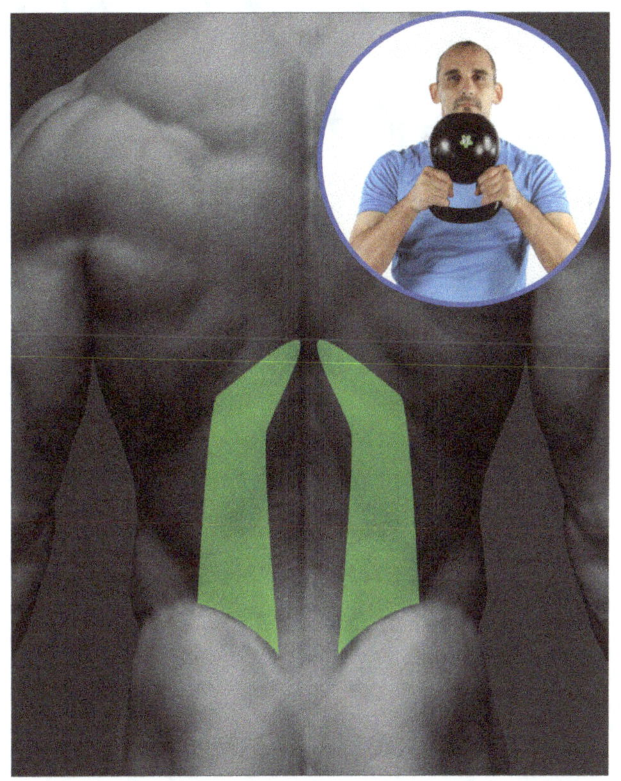

EL OCHO

ANTIVALGO DE RODILLA, ANTIFLEXIÓN DE TRONCO, ARMADO DE BÓVEDA

Nos posicionaremos con los pies separados al doble de ancho de los hombros, o con pequeñas variantes de acuerdo a nuestro formato corporal. Desde ahí, flexionaremos las rodillas y la cadera hasta bajar como si hiciéramos media sentadilla. Es muy importante mantener la espalda derecha o con una leve tendencia de la zona lumbar hacia la lordosis, pero nunca curvada en convexidad posterior. Desde esa posición, pasaremos la pesa a través de las piernas, dibujando una figura de ocho alrededor de ellas. Pondremos énfasis en el torque externo de las rodillas para evitar el colapso hacia adentro. Estabilizando los miembros inferiores, procurando que las rodillas no se desalineen de un lado al otro con respecto a las puntas de los pies.

DETALLES FUNDAMENTALES:

* Mantener la espalda derecha.
* Bajar principalmente con el movimiento de las piernas.
* No perder la estructura y la estabilización de los laterales.
* Mantener un torque externo activo para evitar el valgo.
* No caerse hacia los costados, mantener los dos hombros al mismo nivel.
* No forzar las rodillas con una excesiva dominancia en la flexión de estas.

Este simple ejercicio es muchas veces despreciado o realizado de una manera que no cumple ninguna de las funciones para lo que está diseñado.

Primariamente, al estar el peso colgando, la principal resistencia (plancha) va a estar en evitar que nuestro tronco se flexione. Así, tendremos que usar la musculatura espinal activamente para evitar el colapso en flexión.

Al llevar el kettlebell de un costado al otro y de atrás para adelante la tendencia natural de las rodillas será la de colapsar en un brutal valgo hacia adentro. Para evitar esto tendremos que activar los glúteos, cuidando siempre de no pasarnos hacia el otro lado y que las rótulas queden alineadas con las puntas de los pies.

Esta misma fuerza hacia los costados tenderá a colapsar la bóveda interna de las plantas de los pies, que gracias a la activación de los glúteos y los músculos de la pierna lograremos mantener activa, al tiempo que no levantamos los segmentos de nuestro trípode de sustentación principal en la planta del pie (talón, cabeza del primer metatarsiano y cabeza del quinto metatarsiano).

Este ejercicio puede hacerse con más dominancia de cadera si lo queremos transferir a ejercicios como el peso muerto o el swing. También podemos hacerlo dominante de rodillas, si lo queremos transferir a distintos tipos de sentadillas o un híbrido entre ambos.

ENTRENAMIENTO BASICO:

• Lento y marcando cada posición.
• Hasta que simplemente notemos que no podemos mantener esa postura y nos movemos a la siguiente sin caer en el fallo técnico.

ENTRENAMIENTO INTERMEDIO:

• 2 vueltas manteniendo 4 segundos en las posturas y en las transiciones.
• 3 series con peso medio y 3 con peso pesado.
• 10 vueltas para cada lado liviano / 3 series.

ENTRENAMIENTO AVANZADO:

• 3 vueltas lentas para ambos lados peso pesado x 3 series.
• 5 vueltas para cada lado peso mediano x 3 series.
• 12 vueltas para cada lado peso liviano.

CAMINATA DEL GRANJERO

Más allá de ser un ejercicio que mucha gente lo practica sin siquiera saber su función o beneficio, la caminata de granjero es un ejercicio fácil, simple e inconmensurablemente útil para todo practicante o deportista. Su eficiencia justamente radica en su sencillez y para entenderla tenemos que comprender cómo funciona la estabilización del tronco. El poder mantener la integridad estructural bajo carga, durante la fase de transporte, es uno de los elementos más descuidados del entrenamiento y uno de los que más capacidades desarrolla.

Una sencilla y magnífica analogía es la presentada por el Dr. Stuart Mcgill. Él nos describe la columna vertebral como si se tratara de una flexible caña de pescar. Si simplemente la apoyáramos en el suelo sobre su mango, esta se doblaría y no podría mantenerse parada. Sin embargo, nuestra columna cuenta con los músculos del tronco que sirven de tirantes; su acción combinada y debido a la suma de tensiones mantendrán esta "caña de pescar" derecha y tensa, ocupando el centro. En otra analogía podemos entender a los músculos anteriores, laterales y posteriores del torso, como si fueran cables de acero que sostienen una antena gigantesca. Por eso, el núcleo no es UN determinado músculo si no la acción y cooperación de TODOS los músculos de nuestra zona media y torso. En el exacto momento que levantamos peso a la manera del Granjero TODOS estos músculos entran en tensión para justamente evitar que en la columna se produzca algún movimiento. Es una acción FUNDAMENTAL en cualquier deporte en el que tengamos que poder mantener el nucleó activo incluso cuando corremos y sobre todo cuando embestimos con un rival para así evitar que perdamos nuestra estructura. Por simple deducción sabemos que también es fundamento en artes marciales y deportes de contacto, por eso podemos encontrar versiones antiguas de estos ejercicios en diversas artes marciales de Japón, Okinawa y China.

El trabajo de resistencia a la tracción que hay que hacer con la cintura escapular nos servirá también para lograr una escápula estable y adherida a nuestro tórax, requisito fundamental en casi todos los deportes y también en la mecánica de la vida diaria.

Como bien describí en mi manual "Fuerza Entrenamiento y Anatomía" (Tomo I), el núcleo no son solo los componentes musculares, también forman parte de él: las fascias, la base pélvica, la glotis, los músculos del cuello, los músculos que conectan con los miembros inferiores y las PRESIONES generadas dentro de las cavidades toraco abdominales.

Para una información detallada, recomiendo leer el manual que he escrito junto a Jorge Guedes y Ezequiel Costa sobre "caminata de granjero". Este contiene apartados conceptuales, anatómicos, entrenamientos completos y programación de este ejercicio.

Manual de Caminata del Granjero
Guedes, Costa, Milo. Gratuito con tu usuario en mi tienda.
www.jeronimomilo.com.ar

EL CONCEPTO DE LA CAÑA

El concepto de la caña, de la antena o de la torre, es un sencillo ejemplo en el cual Mcgill nos demuestra la importancia de activar TODOS los músculos de la zona media y no repartir o aislar esta función en un grupo o en uno solo de ellos. Imaginemos la columna como una caña de pescar o torre, la cual sería imposible apoyar en el suelo y esperar que se mantenga vertical por sí sola. Ahora si a esta caña le agregamos tensores o cuerdas hacia todas las direcciones, las tensiones puestas de cada tensor provocarían que la caña quede derecha y estable. Esto nos indica que todos los músculos son importantes como lo serían las cuerdas de tensión de una torre.

Como un sistema de cuerdas de TENSION RECIPROCA, cuando una cuerda está demasiado tensa o su antagonista demasiado floja, provocará una alteración en la estructura y estabilidad de la construcción. Es fundamental que la tensión y actividad de la musculatura de la pared frontal del tronco este activa al mismo nivel que la posterior y viceversa, sobre todo en una postura de transporte.

Cuando levantamos el peso en la caminata de granjero de manera bilateral, esta carga se reparte en la gran mayoría de los músculos que componen el núcleo.

El involucrar a TANTOS músculos hará que la sensación referida sea que no sintamos tanto trabajo en un grupo muscular determinado sino una repartición de la tensión en toda la zona. Por eso la activación del núcleo en la caminata del granjero depende directamente de la cantidad de peso que esté involucrada, del grado de desequilibrio o del tiempo de ejecución. Para que la tensión a la que estos grupos musculares son sometidos sea la necesaria para generar una adaptación, las cargas utilizadas deben acercarse al peso máximo.

Como toda "plancha", pero de parado, el requerimiento primario en la caminata del granjero será poder mantenerse y sostener en cada postura. Podemos comenzar como en cualquier plancha haciendo repeticiones (un paso completo) tratando que el tiempo del pie en el aire, mientras hacemos la transición, sea de al menos ocho segundos. Así podemos ir sumando pasos y quizás quitando el tiempo bajo carga en cada uno o aumentándole el tiempo. Al principio no hay un número o tiempo predeterminado, simplemente haremos la caminata tratando de ir lo más lento posible al tiempo que siempre apretamos fuertemente en la zona de las axilas como si estuviéramos evitando que un papel se caiga de entre este espacio.

La efectividad de la caminata del granjero no está solo en su simpleza sino también en COMO LO EJECUTEMOS.

Recomiendo practicarlo descalzo para desarrollar una mayor propiocepción en los miembros inferiores y para estimular a los músculos de la pierna y el pie a activarse para un correcto armado de la bóveda plantar.

- Cargar lo más lejos que puedas mientras mantengas la técnica: este es uno de los clásicos entrenamientos del granjero, simplemente levantar un peso pesado que puedas sostener y llevarlo lo más lejos y durante el mayor tiempo posible sin perder la técnica (el orden de los pasos, los niveles corporales, el balance y que no se genere ningún tipo de compensación postural). Este tipo de entrenamientos siempre van a servir en un practicante nuevo porque va a estar sometido a un estímulo, pero cuenta con el riesgo de sobrecargar alguna parte del cuerpo.
- Cargar y llevar 20 pasos o 20 segundos con descanso completo (6 a 8 series): en la progresión reducir los periodos de descanso o las distancias y tiempos a recorrer.
- Con cargas livianas 100 metros o ir lo más lejos que puedas y volver sin bajar el peso. Este es un clásico que suele hacerse en gimnasios amplios o parques.

ENTRENAMIENTO BASICO:

•30% a 40% del peso corporal repartido entre ambas manos:
- 1 serie de 8 pasos lentos.
- 1 serie de 6 pasos lentos.
- 1 serie de 4 pasos lentos.

DIFERENTES VARIANTES:

- 1 serie de 50 segundos.
- 5 series de 20 segundos.
- 2 series de 40 segundos.
- 3 series de 4 pasos en 20 segundos.

VARIANTES DE EQUILIBRIO:

- Versión bottom up: kettlebell liviano. 2 a 3 series de 40 metros de cada lado.
- Versión en overhead: 40 metros.

TEST CAMINATA DEL GRANJERO:

- Con el 75% del peso corporal dividido entre ambas manos, medir cuanto tiempo se puede resistir haciendo la caminata y luego ver qué fue lo primero que cedió: el núcleo, el grip, los antebrazos, hombros o espalda.

ENTRENAMIENTO AVANZADO:

- Granjero con algún lastre.
- Granjero resistiendo un empuje externo.

LA VALIJA

Otro gran ejercicio subestimado (tanto o más que la caminata de granjero), "La Valija" posee todas las propiedades y cualidades del "granjero" pero con la diferencia de que el peso se encuentra de un solo lado. Será mucho más difícil estabilizarlo, cuando nos encontremos ejecutándolo LENTO. Al estar la carga de un lado, sentiremos que el desequilibrio se producirá lateralmente y deberemos tratar de mantener la pelvis nivelada, SIN COMPENSAR. Es un muy buen ejercicio para quienes no pueden mantener la pelvis a nivel y exige la estructura de LA BOVEDA PLANTAR. Es por eso, que hacerlo lento lo convierte en un ejercicio de alto nivel de ejecución. Al estar el peso de un lado, la carga caerá con mucho más énfasis sobre el cuadrado lumbar del lado de la pierna levantada y el glúteo medio de la pierna de base. También, sobre los oblicuos y espinales.

VALIJAS Y CAMINATA DEL GRANJERO MUY LENTO

Recomiendo enfáticamente practicar ambos ejercicios MUY LENTOS al principio. Este tipo de práctica, nos dará control (como si hiciéramos planchas realizando las transiciones de manera bien lenta). Un mínimo lógico, sería unos 8 segundos para realizar cada paso, haciendo énfasis en el momento que nos encontramos apoyados sobre un solo pie; de esta manera, localizaremos el trabajo en el glúteo medio del lado del pie apoyado, para sostener la pelvis y el cuadrado lumbar del lado de la pierna elevada, para sostener ese lado. También, al mantenernos en un pie, obligaremos la activación del glúteo mayor, presentándose así un torque externo, que sostiene a la rodilla y evita que se colapse hacia el valgo.

Los músculos de la pierna, responsables del armado de la bóveda plantar (dos tibiales y peroneo largo), tendrán que activarse para que esta no colapse hacia adentro.

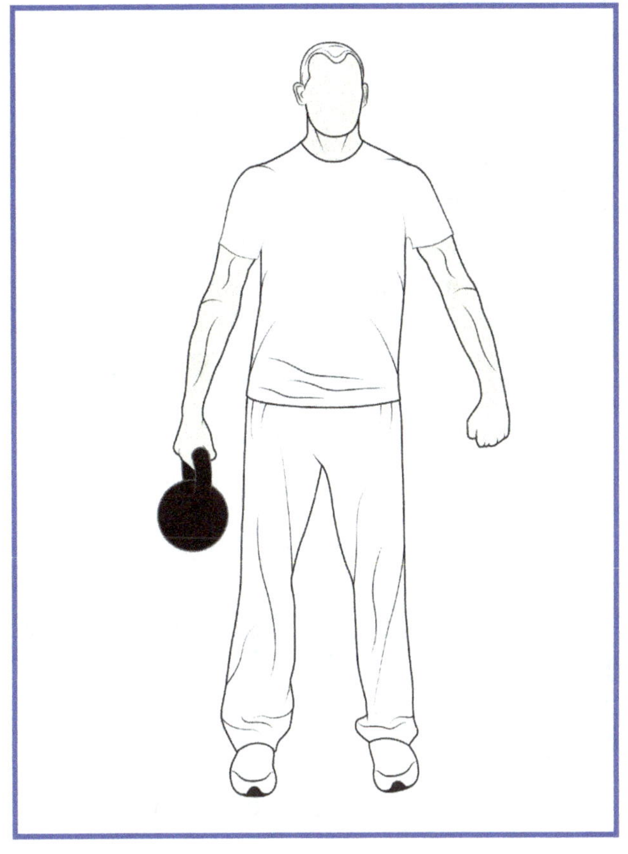

Núcleo estático.

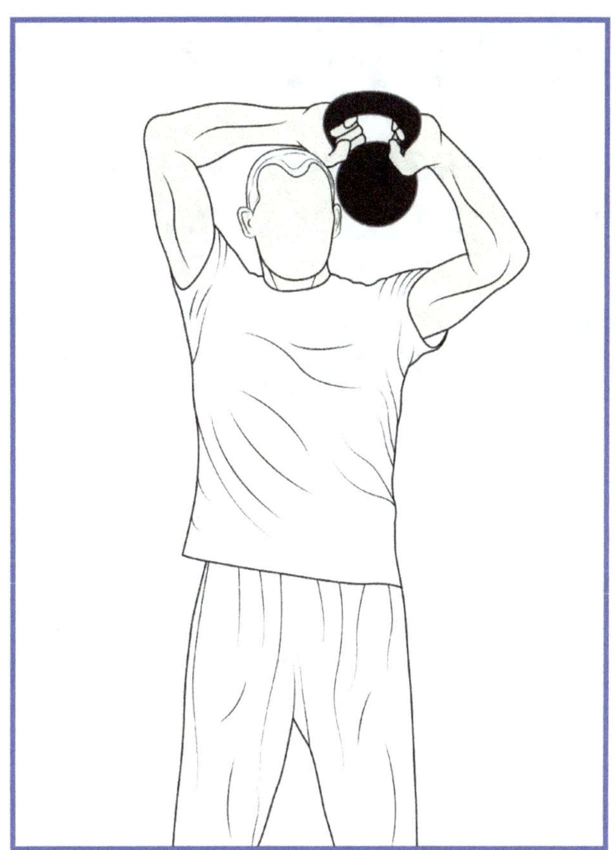

Núcleo integrando los miembros superiores.

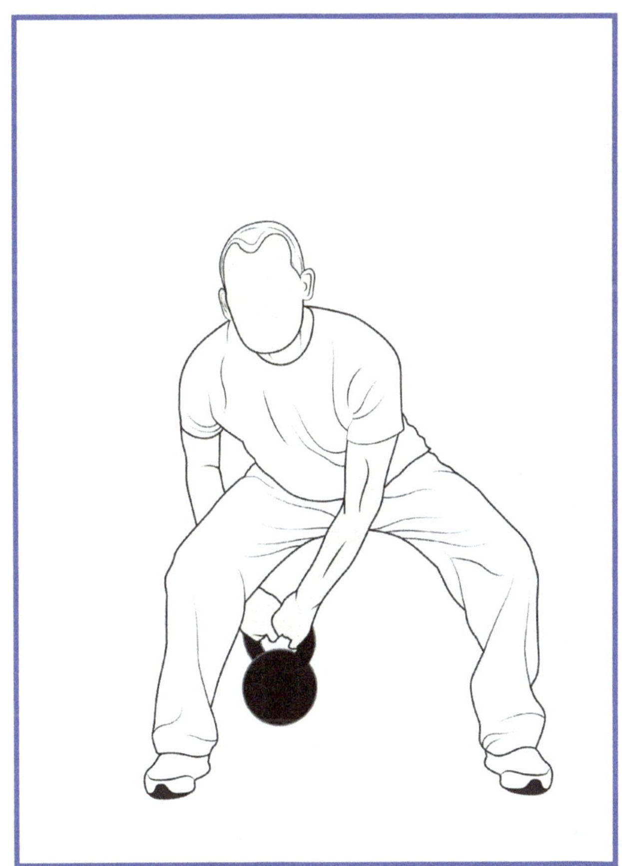

Núcleo integrando los miembros inferiores.

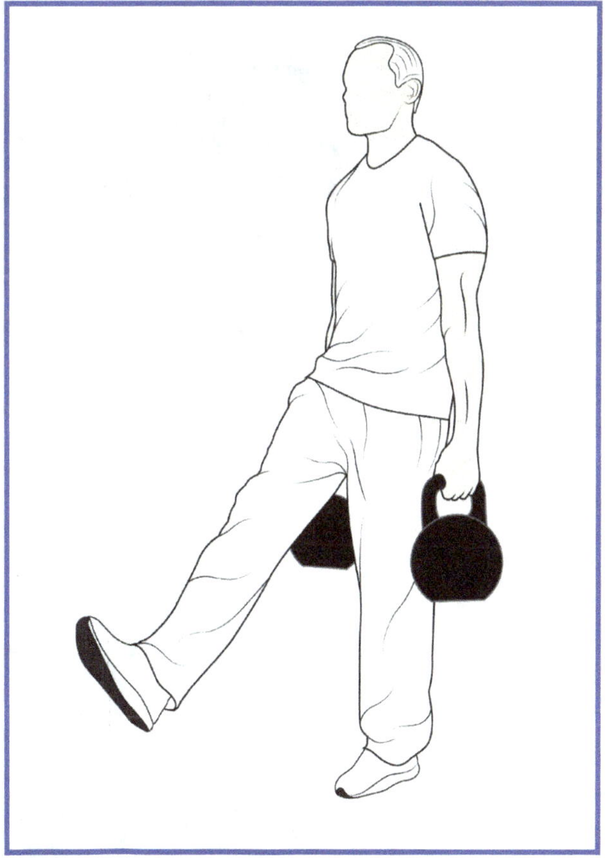

*Núcleo integrando los trenes inferiores y superiores
en la marcha.*

BOTTOM UP

REFUERZO CENTRAL Y DE LAS MANOS Y MUÑECAS

Tomaremos la pesa del mango y con un movimiento explosivo, la levantaremos enfrente nuestro, pero con la base hacia arriba. La idea es mantener la pesa en esta posición estable, lo que nos demandará un considerable trabajo de estabilización en la muñeca y el antebrazo. Según el peso, también recibiremos un gran estímulo en el núcleo, que estará luchando para mantener la pesa en su lugar. Cuanto más alejada esté la pesa de nuestro centro más deberemos activar el núcleo.

Además, es un ejercicio específico para todo aquel deportista que necesite generar una buena estabilidad de la muñeca, al tiempo que mantiene todo el cuerpo unido, tenso y estable.

ENTRENAMIENTO BASICO:

- Mantener 2 segundos cada postura.
- Ayudarse con la mano libre.
- 10 repeticiones.

ENTRENAMIENTO INTERMEDIO:

- 4 segundos por postura.
- Bajar la pesa y volver a trabajar con la misma mano.
- 5 veces por mano x 4 series.

ENTRENAMIENTO AVANZADO:

- 8 segundos por postura.
- 3 repeticiones por 3 series.
- Probar otras posturas del cuerpo: asimétrico, en un pie, arrodillado, etcétera.

TODOS LOS EJERCICIOS EN BOTTOM UP!!!

TODOS los ejercicios con kettlebells, en lo cuales la pesa se encuentra originalmente apoyada en el antebrazo, pueden realizarse en la variante Bottom Up. Esto lo convierte en un comodín, cuando nuestro objetivo sea agregar más trabajo de núcleo y sostén de la muñeca a determinado ejercicio. Algunos ejercicios recomendados:

• *La levantada turca:* aquí, la versión en bottom up complicará la estabilización de la pesa (y por consiguiente la del núcleo), al tiempo que agrega un grado más de dificultad a la propiocepción general.

• *El press:* aquí, la versión de bottom up obligará a activar con más énfasis todos los estabilizadores, tanto de la escápula como los del brazo.

• *En sentadilla overhead:* con la versión bottom up, podremos convertir a este movimiento en un brutal ejercicio de tren inferior y requerir más activación de la zona media; especialmente de todo el grupo posterior, que además de evitar la flexión del tronco, tendrá que estar ajustando la inestabilidad de las pesas.

Este tipo de posición, es ideal cuando utilizamos un peso que ya no presenta un desafío para nosotros. De esta forma, la estabilización pasará a ser el nuevo desafío a sortear; recordemos que sin estabilización, la fuerza no puede presentarse. Se podrá aplicar también con excelentes resultados en: Sot press, bent press, molinos, cleans y todo aquel ejercicio en el que consideremos que esta postura se adapta fluidamente, sin entorpecer su movimiento ni ejecución.

BIRD DOG
REFUERZO CRUZADO

Esta es la adaptación que hizo Dan John, del clásico ejercicio de zona media denominado "bird dog", que suele realizarse apoyado en el suelo.

En este caso, los objetivos y función serán las mismas que el clásico bird dog, pero con el agregado del elemento del desequilibrio, ya que nos encontraremos de pie.

Las variantes que podemos realizar son varias:
- La pesa sobre el brazo elevado.
- La pesa sobre el brazo que cuelga.
- Una pesa en cada mano.
- Pesas de diferentes pesos en cada mano.

ENTRENAMIENTO BASICO:

- Mantener la postura hasta conseguir equilibrar la pesa.
- Desde ese punto, tratar de mantenerla al menos 5 segundos.

ENTRENAMIENTO INTERMEDIO:

- 10 segundos por postura.
- 2 segundos de descanso entre posturas.
- 5 reps, 3 reps, 2 reps.

ENTRENAMIENTO AVANZADO:

- Mismo modelo anterior, pero realizar la transición entre posturas lo más lento posible (unos 10 segundos en el pasaje).

GRIP Y NUCLEO

Una vez más, recomiendo enfáticamente practicar todos estos ejercicios MUY LENTO, para activar los estabilizadores, volverlos resistentes y someterlos a un estímulo que con el tiempo, logre generar una adaptación.

Está claro, que la caminata del granjero trabaja el núcleo y la estabilización mientras caminamos. Esto no es un concepto moderno, los antiguos entrenadores de artes marciales y los hombres fuertes del pasado, sabían perfectamente o intuían la importancia de poder sostener pesos, sin que se presenten bisagras en el tronco, al tiempo que los transportaban largas distancias.

Si bien todos estos ejercicios se focalizan en el núcleo, otra capacidad colateral que se entrena, es la de tener fuerza y resistencia en el GRIP. Este no es un elemento a subestimar, ya que ES UNO DE LOS ESLABONES MAS DEBILES, razón por la cual generalmente se pierde fuerza, o se tiene que abandonar un ejercicio.

Un grip fuerte y resistente, nos permitirá transferir la fuerza de manera más efectiva, sin vernos limitados u obligados a recurrir a elementos artificiales de ayuda. Al comienzo de la práctica con kettlebells el agarre será un condicionante para poder sostener la pesa.

ENTRENAMIENTOS PIRÁMIDES

Un tipo de entrenamiento muy básico y primario es usar pirámides. El concepto de estas, es ir aumentado de manera gradual los pesos o las repeticiones, hasta llegar a un máximo y desde ahí, volver por el mismo camino de subida que hayamos elegido, pero en sentido inverso.

En la pirámide por peso, mantendremos siempre la misma cantidad de repeticiones, pero iremos cambiando el peso. Un ejemplo, sería realizar siempre 10 repeticiones comenzando con un peso muy liviano, para luego mantener la cantidad de repeticiones pero ir sumando peso en cada secuencia. El punto más alto será, en este caso, el último peso con el que podamos trabajar habitualmente y de ahí en más, emprenderemos la bajada hasta el primer peso trabajado.

Un clásico ejemplo de trabajo es el siguiente:

Se puede descansar entre cada serie el mismo tiempo que nos llevó el último trabajo, o bien, no descansar en toda la secuencia; por ejemplo,

Pirámide por peso:

- *6 kilos x 8 reps.*
- *8 kilos x 8 reps.*
- *12 kilos x 8 reps.*
- *16 kilos x 8 reps.*
- *12 kilos x 8 reps.*
- *8 kilos x 8 reps.*
- *6 kilos x 8 reps.*

Pirámide por repeticiones:

- *Con 16 kilos.*
- *2 reps.*
- *3 reps.*
- *5 reps.*
- *3 reps.*
- *2 reps.*

si el ejercicio es ejecutado una vez con un brazo y luego con el otro. También, se pueden trabajar los movimientos con menos peso, tratando de terminar la serie lo más rápido posible, y para los pesos mayores, mantener más tiempo entre postura y postura.

El trabajo por pirámides, es muy sencillo y tremendamente efectivo para un novato en el que todo estimulo provocará una adaptación. Genera progresos en poco tiempo, pero si solo utilizamos este método, al cabo de un par de semanas, alcanzaremos una meseta y nos estancaremos e incluso, podríamos llegar a tener un retroceso. Por eso, lo recomiendo sólo para los estadios primarios de práctica o cuando nos queremos acostumbrar a una nueva carga. Si fuera tan sencillo como hacer pirámides y agregar más peso o más repeticiones en cada práctica, ya habría gente levantado más de 500 kilos y sabemos que no es así.

Usaremos las pirámides para las pautas de trabajo para novicios o cuando queramos adaptarnos a un nuevo peso. No las tomaremos como pauta a seguir en entrenamiento de niveles intermedios o avanzados. Este es un ejemplo para aplicar en los ejercicios de núcleo, pero recomiendo al principio, olvidarse de las repeticiones y enfocarse en la resistencia, es decir, quedarse un buen tiempo en cada postura.

En niveles intermedios, las pirámides pueden combinarse. Por ejemplo, podemos hacer pirámides en las cuales, a medida que cargamos más pesos, realizamos menos repeticiones y viceversa, combinando los números adecuados, para el objetivo que queramos cumplir.

Para ejercicios más efectivos con pirámides, recomiendo ver las pirámides rusas y las programaciones de cinco semanas del final del manual.

EL ESQUEMA BÁSICO DE LOS PRINCIPALES LEVANTAMIENTOS

En colores, tenemos las posiciones estáticas que conforman las alturas fundamentales y en gris, las más conocidas del entrenamiento kettlebell. En gris, las técnicas son dinámicas y sirven de conexión entre todas las demás. Sobre esta base de posturas y movimientos, es fundamental primero estudiar y desarrollar el péndulo, el rack y la posición overhead (por encima de la cabeza) y luego, estudiar las conexiones que conforman los levantamientos. Este cuadro, es una manera útil de catalogar todos los ejercicios que pasan o estacionan en la zona baja (péndulo), la zona media (rack) y la zona alta (por encima de la cabeza u overhead). El péndulo, el rack y la posición overhead, son los puntos principales desde donde se crean los demás movimientos; así, un swing y un rack conforman (con su conexión dinámica) un clean. Un rack con su conexión dinámica a la posición overhead, nos da un press o sus relativos (jerk y push press). Y así, uniendo posturas con figuras dinámicas, podremos obtener la gran mayoría de los levantamientos clásicos del kettlebell.

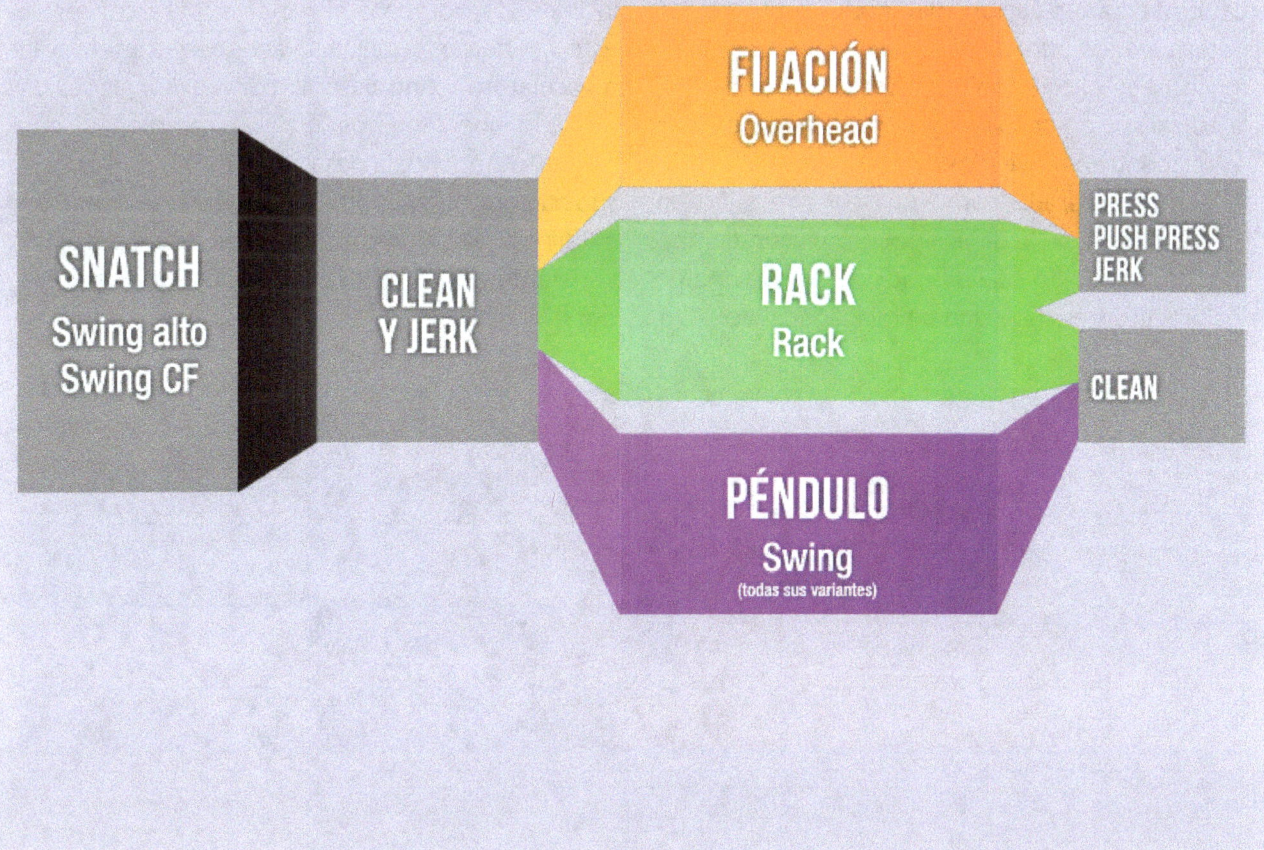

4. RACK Y OVERHEAD

El rack, es quizás una de las posturas más simples (pero menos comprendidas y desarrolladas) en lo que se refiere a calidad técnica y ejecución. Este, cumple una función primordial de sostén y de postura intermedia para gran cantidad de ejercicios. Desde el rack, se generan la gran mayoría de las levantamientos overhead y sirve como punto medio de descanso en muchos otros ejercicios. También, es una postura que nos permitirá trabajar sentadillas frontales o ejercicios de core que impliquen resistir a la flexión, colocando el peso lo más por delante del tronco, como sea posible.

La correcta ejecución del rack, requiere de determinados puntos de movilidad y estabilidad, muchos de ellos condicionados por el formato, la composición corporal y por el estado en que se encuentren los tejidos.

Al ser considerado como una postura y no un ejercicio en sí, se le dedica poco o ningún tiempo a su desarrollo, lo cual dificulta que la mayoría de los practicantes obtengan un rack adecuado.

En su práctica, es muy importante que diferenciemos el rack a una mano y a dos manos. El rack a una mano, presenta dos variantes: la del hard style (torso derecho y con trabajo de núcleo) y la deportiva (compensada con inclinación y relajación del núcleo). Esta última versión, está prácticamente en desuso incluso en los circuitos deportivos, salvo en la modalidad de maratón.

En la versión a una mano del estilo Hard Style, el simple hecho de hacer rack, lo convierte inmediatamente en un ejercicio activo de core. Debemos sostener la pesa sin que se inclinen los hombros ni la pelvis; para conseguir esto, tenemos que activar enérgicamente la musculatura contralateral para evitar la caída del lado que tenemos la pesa. También, si nos relajamos mucho, la pesa llevará el antebrazo a la supinación y el hombro a un intento de rotación externa, que tendremos que contrarrestar constantemente con la activación principal del dorsal ancho.

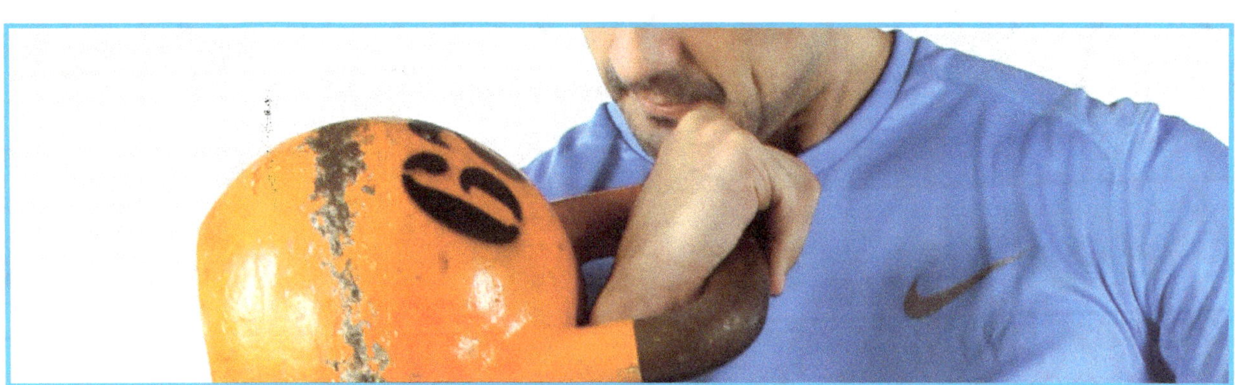

POSTURAS FUNDAMENTALES DE LA MANO

Con la pesa en el suelo, introduciremos la mano en diagonal, por el espacio delimitado entre la manija, hasta que podamos ver nuestra palma hacia arriba con el mango de la pesa cruzándola en diagonal. Así, el mango de la pesa irá desde la zona externa de la palma (en el espacio comprendido entre el dedo pulgar y el índice), hasta la base de la palma en línea con el dedo meñique; más específicamente encima del hueso pisiforme (fácilmente palpable como una prominencia en la base de la palma -eminencia hipotenar-, muy cerca de la cabeza del cúbito). A primera vista, el mango se verá colocado en DIAGONAL sobre nuestra palma. La mayor parte del peso caerá sobre la base de nuestra palma y nunca perpendicularmente a la base de la misma. Esta posición, permitirá que nuestra mano pueda abrirse con libertad, permitiéndonos incluso mover los dedos. Lo más importante, es que la palma quede en la misma línea que el antebrazo. Así, podrá coordinar mejor el empuje en la línea de fuerza del movimiento. Por NINGUN MOTIVO permitiremos que la muñeca quede extendida en la posición de rack o en el momento de elevar el brazo por encima de nuestra cabeza. Cualquier tendencia hacia la extensión, provocará que el peso sea sostenido por los tejidos blandos (en este caso los músculos del grupo flexor del antebrazo), y no por las estructura ósea. Nuestro principal objetivo será sostenerla con esta última, ya que los tejidos blandos tienen un rango muy bajo de sostén, comparados con la estructura ósea.

Los alumnos nuevos o los practicantes más sensibles, pueden usar muñequeras o vendas para la ocasión. La compresión que genera el peso sobre el antebrazo es casi inevitable, y es posible que sufran molestias. Con la práctica progresiva y cuidada, en un par de semanas los tejidos tienden a adaptarse. Esto sucederá tanto si es la primera vez que levantamos kettlebells, como si ya somos experimentados pero nos encontramos adaptándonos a un peso nuevo y mayor al que estamos acostumbrados.

Llamamos postura de rack, al ensamblado de toda la estructura corporal responsable de sostener la carga. El rack, es uno de los puntos conocidos como la transición en gran cantidad de levantamientos: Jerk, Press, Push Press, Clean and Jerk, etcétera. Es fundamental que el soporte que le ofrezcamos a la pesa, sea generado por nuestra estructura ósea y no por nuestro esfuerzo muscular, debido a que invertiremos mucho tiempo en esta postura. Por lo tanto, deberemos reducir al máximo el gasto energético muscular y reservarlo para otros propósitos.

Recomendamos entrenar esta posición hasta dominarla y sentirnos cómodos, poder sostenerla varios minutos, hasta que nuestro antebrazo se acostumbre a la presión de la pesa sobre la piel y poder respirar de manera natural en la postura.

En el rack, la pesa se mantiene apoyada sobre nuestro antebrazo, el bíceps y el pectoral.

Trataremos que el codo se apoye sobre nuestra cresta ilíaca o, dependiendo de la forma de nuestro cuerpo, sobre el abdomen. Cuando lo logremos, nos ayudará a relajar todo el cuerpo, ya que no tendremos que sostener la pesa solo con nuestro miembro superior.

Los miembros inferiores estarán extendidos, con los glúteos activos para mantener la postura "encajonada" en la estructura ósea del cuerpo y proteger la zona baja de la espalda. Mantendremos la pesa lo más pegada y cercana al centro posible. La inclinación hacia atrás del torso, siempre debe estar EN RELACION a la cantidad de peso cargado; si es poco, nos inclinaremos ligeramente hacia atrás para balancear el peso, si es mucho, nos inclinaremos más, para no estar desbalanceados hacia adelante. Esta inclinación, debe ser provocada SIEMPRE desde la articulación de las caderas y nunca desde la columna vertebral.

RACK ESTRICTO

Este es el rack usado para el press militar, jerk y push press. El mismo, nos permite elevar el brazo en una estricta línea perpendicular, que permitirá que nuestro antebrazo (y por lógica la misma pesa) quede bien por encima, en la misma línea de empuje de nuestros miembros inferiores. Si bien no es un press básico y sencillo de ejecutar, es imprescindible como base para los movimientos explosivos ya mencionados.

El ángulo del codo y la posición del húmero con respecto a la escápula, nos coloca en desventaja biomecánica con respecto a otros press, lo cual lo convierte en uno de los más difíciles de ejecutar.

Usaremos este rack para los press más difíciles y para los levantamientos explosivos, donde necesitamos alinear el miembros superior con el principal productor de fuerza, que en este caso, son los miembros inferiores.

RACK A 30 GRADOS

Este rack, facilita la realización del press, ya que el ángulo en el que se ejecuta, provee menos déficit biomecánico a la articulación del hombro. Los ligamentos del hombro están en punto de tensión intermedio, presentando un balance de tensión entre los músculos rotadores internos y los rotadores externos. Además, en esta posición la cabeza del húmero (el hueso de nuestro brazo), queda alineada con mayor coaptación con la cavidad glenoidea de la escápula, que ya se encuentra apuntando en diagonal, a 30 grados con respecto a un plano frontal posterior.

Definitivamente, este es el press que recomiendo para los alumnos nuevos y para quienes estén utilizando pesos muy pesados; también, para quienes se encuentren inmersos en una programación de mucho volumen de repeticiones ya que el rack a 30° provee una clara ventaja mecánica.

Si bien a primera vista puede parecer un rack extraño, este es uno de los más eficientes de todas las variantes. Para ejecutarlo, se necesita un NOTABLE nivel de movilidad y colocación técnica. El rack posterior, sirve principalmente para ejecutar ejercicios como el Bent Press o el Two Hands Anyhow (vistos en el manual Furioso y No Convencional), en los cuales necesitamos mantener el peso fijo en el lugar, al tiempo que nosotros nos alejamos del mismo, como si fuéramos empujados hacia abajo. Su ejecución exige una muy buena movilidad del hombro y una activación constante del dorsal ancho, para acercar y mantener el codo apoyado por encima del ilíaco y cercano a la columna.

Este rack, es usado específicamente en el kettlebell deportivo. En el mismo, sacrificamos cualquier activación de la zona media para reducir la fatiga, al tiempo que desplazamos nuestro centro de gravedad un poco por encima del pie de apoyo de la pesa que cargamos. El hombro del lado que sostenemos la pesa cae en relación al contrario, generando una pérdida de alineación de la columna. Sin embargo, esta no representa un peligro grave para nuestra estructura, ya que el peso está descargándose principalmente sobre el ilíaco y por consiguiente, en todo el miembro inferior, salteándose la descarga en la columna. Recomiendo este rack sólo para la práctica de kettlebell deportivo, debido a que es específico para esa función, sin tener ningún otro tipo de sentido para el desarrollo de una postura balanceada y un núcleo activo bajo carga.

La postura overhead (por "encima de la cabeza", también llamada "de fijación") es quizás la más subestimada, incomprendida y mal ejecutada de todo el sistema. Para la realización de la misma, necesitamos un considerable rango de movilidad y también estabilidad en la cintura escapular. Condiciones ambas realmente difíciles de conseguir, debido a que este complejo articular está compuesto de al menos cinco articulaciones, que tienen que sincronizar y trabajar armónicamente. A su vez, es comandada y atravesada por grupos musculares pequeños y precisos y grupos grandes y poderosos. La problemática que presenta el kettlebell con respecto a otras herramientas, es que para que el peso quede equilibrado, SIEMPRE debe estar alineado encima de la articulación actuante, que en este caso es el hombro propiamente dicho (articulación glenohumeral). Esto requiere mucha más movilidad que por ejemplo, elevar los brazos por encima de la cabeza con una barra, que nos permite posicionar los brazos más separados entre sí.

Siguiendo la regla del continuo de movilidad estabilidad, la postura overhead exige al máximo la estabilidad del codo, la movilidad del hombro en sí y fundamentalmente, la estabilidad de la escápula. Por eso, no es una posición de fácil dominio para un novato, además de las posibles limitaciones que podemos encontrar de estructura (tejidos acortados, rígidos o débiles) también tenemos un verdadero desafío de control motor (qué estructuras relajar, para que se estiren y cuáles activar, para que estabilicen) convirtiendo su correcta ejecución y práctica, en una verdadera medicina para el hombro; la postura overhead, exige balanceados niveles de estabilidad y movilidad, mientras sostenemos un peso inestable y lo empujamos con una considerable exigencia de fuerza.

Esta postura es la representación gráfica del aporte de movilidad, estabilidad, fuerza y flexibilidad que proporciona la práctica con kettlebells.

A lo que conocemos vulgarmente como hombro, tenemos que entenderlo como un complejo de muchas articulaciones; quizás, sea más correcto denominarlo "complejo del hombro". El hombro es una de las articulaciones de la cintura escapular. La denominación "cintura", habla de estructuras que conectan las extremidades superiores con el tronco.

Como dijimos, la escápula es uno de los segmentos que más estímulo recibe en estos levantamientos y probablemente los músculos responsables de su estabilización sean también los primeros en claudicar.

Tenemos que conciliar varios elementos en la postura del overhead: por un lado la estabilidad de la escápula, pero al mismo tiempo su movimiento, que permita la recolocación cuando elevamos el brazo por encima de la cabeza. Así, sin tomar el continuo de manera literal, entendemos que estabilidad no significa rigidez y que la estabilidad no carece de movilidad.

Desde la columna, tenemos que poder ofrecer un buen punto fijo a todos los músculos que hacen anclaje en ella para estabilizar la escápula. Por eso, la zona media es el primer requerimiento, porque sin punto fijo en la columna y costillas, los músculos no podrán ejercitar la palanca adecuada.

Una vez establecido el punto fijo principal (que es el raquis), debemos usar los grupos musculares que FIJARAN la escápula a la columna y las costillas: romboides, trapecio en sus tres fibras, serrato y pectoral menor. Y a partir de esa escápula estable, podemos anclar los músculos que unirán la extremidad superior (húmero) a la escápula: redondos, deltoides, supraespinoso, infraespinoso y subescapular. Como siempre, la estabilización será el evitar que se produzca algún movimiento y la movilidad, será relajar un grupo muscular, para que permita una posición determinada.

Una vez establecida esta base, podemos enfocarnos en los músculos principales, los potentes movilizadores. En el empuje: tríceps para el codo; fibras superiores del pectoral mayor, anteriores del deltoides y coracobraquial, para el hombro. En la tracción: braquial, bíceps y supinador largo para el codo; dorsal ancho para el hombro.

LA MECANICA DEL HOMBRO

El complejo de la cintura escapular es el encargado de unir los miembros superiores al tronco. En kettlebells, será de vital importancia que esta unión sea estable pero móvil al mismo tiempo, quizás una paradoja que confunde a muchos al comienzo.

Los músculos que resisten la tracción hacia abajo (como en la caminata del granjero y ejercicios asociados), son las fibras superiores del trapecio, el romboides y el elevador de la escápula (en este último debemos poner especial cuidado, ya que al insertarse en las primeras vertebras cervicales y ser bastante pequeño en comparación con los otros, puede estar sometido a una disfunción ante una sobrecarga).

Los grupos que resisten la abducción de la escápula, son los romboides y las fibras medias del trapecio. El serrato mayor anterior y el pectoral menor son músculos muy importantes debido a que resisten la aducción, al tiempo que aplican a la escápula contra el tórax.

Los estabilizadores del húmero, serán principalmente los músculos del manguito de rotadores (supraespinoso, subescapular, infra-espinoso y redondo menor).

Muchos señalan la importancia de "empaquetar las escápulas (adherirlas a la pared posterior del tórax), previamente a los levantamientos. Esto, involucra también al dorsal ancho, que además de pasar (y a veces insertarse) en el borde inferior de la escápula, también enlaza el brazo con el tronco y el hombro con la cadera contralateral, a través de sus fascias.

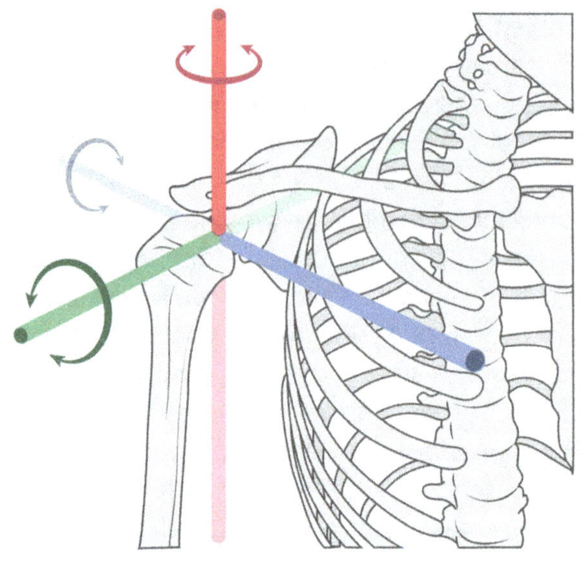

Los ejes de la articulación Gleno Humeral del complejo articular del hombro.

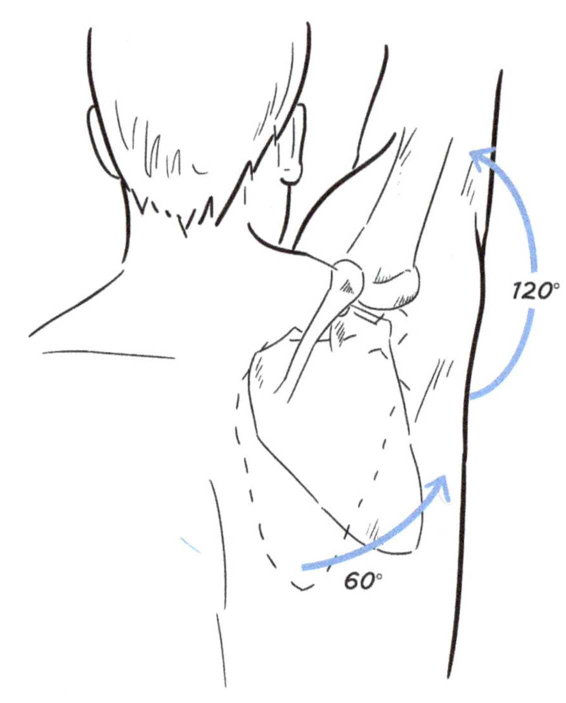

El ritmo escápulo humeral para la realización de movimientos completos del hombro entre el rango de flexión y abducción.

OVERHEAD

Con este listado, podremos evaluar y corregir la postura de overhead con kettlebells. El orden no es caprichoso, va de lo más fundamental a lo accesorio y recomiendo trabajar todos los puntos por separado y de a poco, unirlos en un solo ejercicio. Primero, podremos evaluarnos acostados en el suelo, sin pesa. Si no podemos cumplir con los 10 puntos sin sobrecarga, sabremos que el principal problema estará en la movilidad, ya que aún sin la implicancia del factor estabilidad, encontramos dificultad para realizar la postura.

1) Codo completamente extendido, sin flexionar, bien trabado.

2) Escápula "empaquetada", bien baja y pegada al tórax, sin elevarse ni "aletearse". Sentirla estable sobre nuestra espalda.

3) Visto de costado, el centro de masa de la pesa encima de la articulación del hombro.

4) Visto de frente, la pesa encima del hombro.

5) Torque externo (ya explicado en torque). Evitar que el dedo pulgar se dirija hacia afuera.

6) Mantener el núcleo activo: no modificar la estructura del tronco cuando el brazo se eleva; no alterar las curvas de la columna y no modificar la posición de las costillas ni el nivel de la pelvis, de los hombros y la posición de la cabeza.

7) Extensión torácica: acentuar la movilidad toraco dorsal, para que la escápula pueda estar más inclinada hacia atrás.

8) Angulo inferior de la escápula, lo más cercana a la línea media de la axila.

9) Leve inclinación posterior de la escápula, ayudado por la extensión torácica.

10) Cabeza alineada y no afectada por la posición del brazo. Respiración cíclica y natural, sin que el mantenimiento del núcleo afecte la función del diafragma, el cuello, ni los músculos del rostro.

LA CAMINATA DE COOK

Este simple ejercicio presentado por Gray Cook y Dan John, contiene todas las bondades del transporte bajo carga, al tiempo que desarrolla las capacidades ya presentadas de la posición overhead con kettlebell.

En su versión original, se recomienda levantar una carga mediana que sepamos que podemos transportar y simplemente mantenerla en posición de overhead hasta que no podamos sostenerla más; a partir de ese momento, haremos lo mismo pero en posición de rack, y cuando no podamos soportarla más, la llevaremos en valija. Luego realizaremos lo mismo con el otro brazo.

Una versión más amigable, puede ser transportar un minuto en cada postura en ambos brazos. Esto, dará como resultado, un completo ejercicio de educación postural para el transporte bajo carga, de seis minutos completos.

COMPRESION, TENSION y CIZALLA (TORQUE)

Del manual de "Fuerza. Entrenamiento. Anatomía 3"

Comprendemos que el empuje es el alejamiento del punto en donde estamos aplicando la fuerza, con respecto a nuestro centro de gravedad. En este caso, lo que se está alejando es el miembro superior que se encuentra empujando a una carga. Así, si tomamos como ejemplo al Press, que es entendido como un sistema de "soporte", vemos que la fuerza de la carga sumada a la fuerza y dirección con la que ejecutamos el ejercicio, comprimirá a los elementos que componen a los miembros superiores (muñeca, codo y hombro). Tomemos como ejemplo a este último y entenderemos así, que el hombro sufre las compresiones de las fuerzas opuestas (tanto de la resistencia del peso hacia abajo, como de nuestro empuje hacia arriba). Así, dos fuerzas que actúan en la misma línea y convergen (que se dirigen para juntarse en un punto) generan compresión, que es lo que sucederá en nuestras estructuras ante un empuje. Estas fuerzas tenderán a deformar, aumentando la elongación transversal y disminuirán la longitudinal, como si de una tarta aplastada se tratara.

La cizalla (fuerzas de corte) es una fuerza paralela a la superficie sobre la que ejerce y tiende a dividir el cuerpo. Esta fuerza compuesta, tiende a desplazar entre sí las secciones que resultan del corte. Como en este caso actúan sobre una articulación, TIENDEN a producir una rotación. Esta es la definición formal de torque, es decir *el efecto de una fuerza que tiende a producir una rotación sobre el eje de la articulación.*

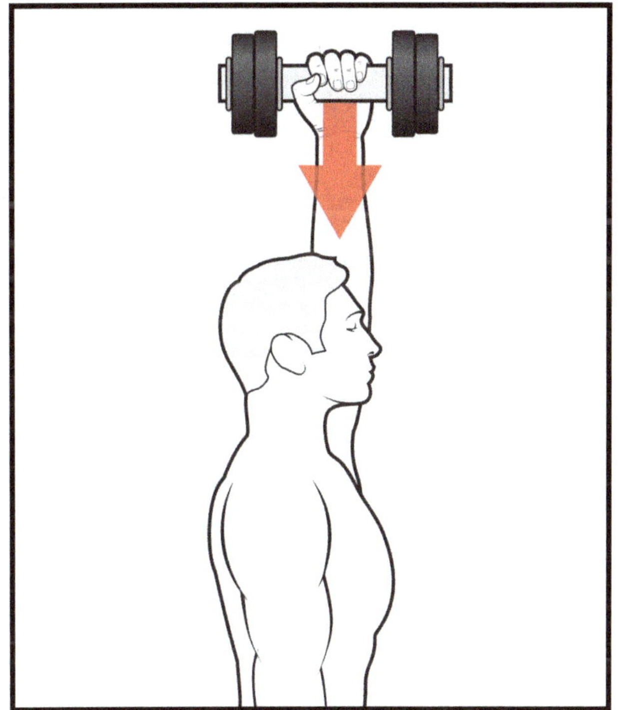

En la figura podemos ver cómo la fuerza de la pesa durante el empuje, comprime la articulación del hombro y sus tejidos circundantes.

Comprendemos al jalón como el acercamiento del punto donde estamos aplicando fuerza hacia nuestro centro de gravedad. En este caso, lo que se está acercando es el miembro superior que se encuentra jalando una resistencia. Así, tomando como ejemplo sostener una carga e intentar jalarla con el miembro superior, lo entendemos como un sistema de suspensión que tensará por estiramiento a los elementos que componen a este (muñeca, codo y hombro). En esta circunstancia, el hombro se ve afectado por las tensiones provocadas por las fuerzas que lo estiran y a las cuales intenta resistir.

La tensión se produce por dos fuerzas que actúan a lo largo de la misma línea y divergen creando así un estrés de tracción, que provocará tensión (tenderá a deformar por estiramiento).

Estas tres fuerzas, pueden representarse magistralmente en el ejercicio "la caminata de Cook", que debe su nombre en parte a quienes lo propusieron en un primer momento como un ejercicio constructor del hombro mezclado con la marcha: Gray Cook y Dan John.

En el mismo, sometemos al miembro superior a las tres fuerzas mencionadas, buscando así no solo la movilidad exigida de los 180° de flexión, sino también el accionar compresivo generado en la posición por encima de la cabeza, la tensión por estiramiento de la posición colgada y el torque en la posición de rack. De esta manera, preparamos al miembro para los empujes, los jalones y los torques a los que será sometido en los ejercicios.

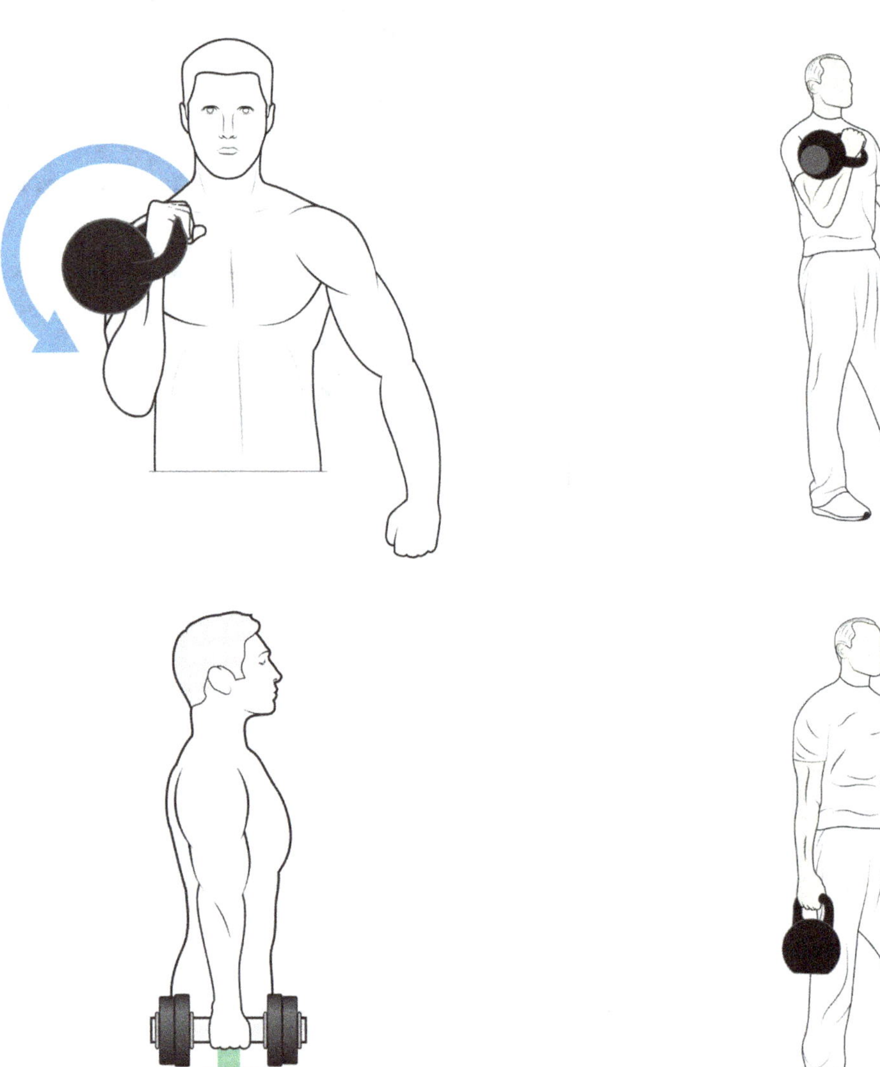

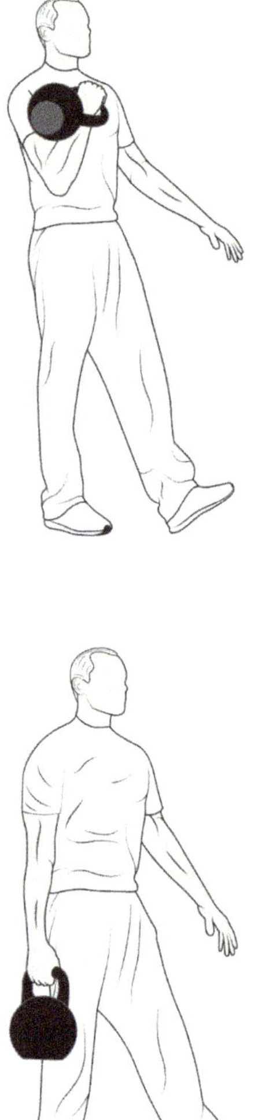

5. PÉNDULO

El péndulo (representado por el clásico swing), es el movimiento más reconocido en la ejecución del kettlebell. Además es la fuerza básica, impulsora de levantamientos como el clean y el snatch. El péndulo en su ejecución, presenta carga en la cadena posterior, es decir, que el peso se distribuye principalmente en los isquiosurales, glúteos y grupo espinal. Las progresiones del péndulo, comienzan con el gesto básico de extensión de cadera representado por el empuje de cadera en el suelo y luego, por el gesto del peso muerto. Otro ejercicio accesorio, es la bisagra con bastón. Sirve para mejorar el control motor sobre la acción, ya que nos obliga a generar movimiento a partir de la cadera, al tiempo que mantenemos estable la zona lumbar. Otros ejercicios, como el "buenos días" y el "swing de la cabra", preparan la zona y los tejidos de la misma. Ejercicios más complejos, como el peso muerto a una pierna, le agregan desequilibrios y mayor control propioceptivo.

Si bien el swing en sí presenta muchas variedades (ruso, americano, a una mano, alto, bajo, vago, etcétera) tenemos que entender que se trata simplemente de las acciones de bisagra de cadera para impulsar la pesa.

El swing, es un ejercicio con el que podemos llegar a mover muchos kilos de manera cíclica y asentar las bases de la progresión a ejercicios más complejos.

Además de entender al péndulo (y por consiguiente al swing) como un gran ejercicio de cadena posterior, también debemos comprenderlo como UNA GRAN PLANCHA DE PARADO QUE RESISTE A LA EXTENSION del tronco, presentada por la aceleración de la pesa. O sea, debemos mantener activo nuestro grupo flexor, para resistir este movimiento de jalón anterior al que nos quiere someter la pesa. Es por eso, que también se lo considera un ejercicio de núcleo dinámico.

LA MECANICA DEL PENDULO

El siguiente cuadro, tiene una importancia capital para entender la mecánica y función del péndulo. Para comprenderlo, primero tenemos que entender el concepto de "posición de la carga". Cuando al momento de hacer la tensión muscular principal, la carga se encuentra por delante o por detrás nuestro, decimos que la carga cae antero/posterior. En el péndulo, la carga cae por delante, cuando empujamos la pesa hacia adelante y hacia arriba con la extensión de nuestra cadera; luego, cae por detrás, cuando la pesa termina de ir hacia atrás luego de pasar entre nuestras dos piernas (el momento donde hacemos fuerza para resistir el arco posterior y no perder la estabilidad). Así, decimos que el péndulo contiene dos fases: CONCENTRICA en la elevación, que sucede cuando los puntos de inserción del glúteo (principal movilizador del péndulo) se acercan y otra EXCENTRICA, que sucede cuando las inserciones del glúteo y los isquiosurales se alejan.

La carga va a ir delante y detrás nuestro, por eso la importancia de usar la cadera para producir el movimiento, ya que es la que puede proyectar tanto hacia adelante como hacia atrás.

Si el movimiento lo hiciéramos con una dominancia principal de rodilla, la pesa simplemente iría de arriba hacia abajo. Este tipo de acciones quizás son más adecuadas ante una carga axial (por encima o colgando de nuestro eje) lo cual no aportaría mucho a la movilización de un tipo de carga antero/posterior.

Adelantamos que el péndulo tiene una dinámica particular: en su fase concéntrica es explosivo como un salto y en su fase excéntrica, tiende a desacelerar.

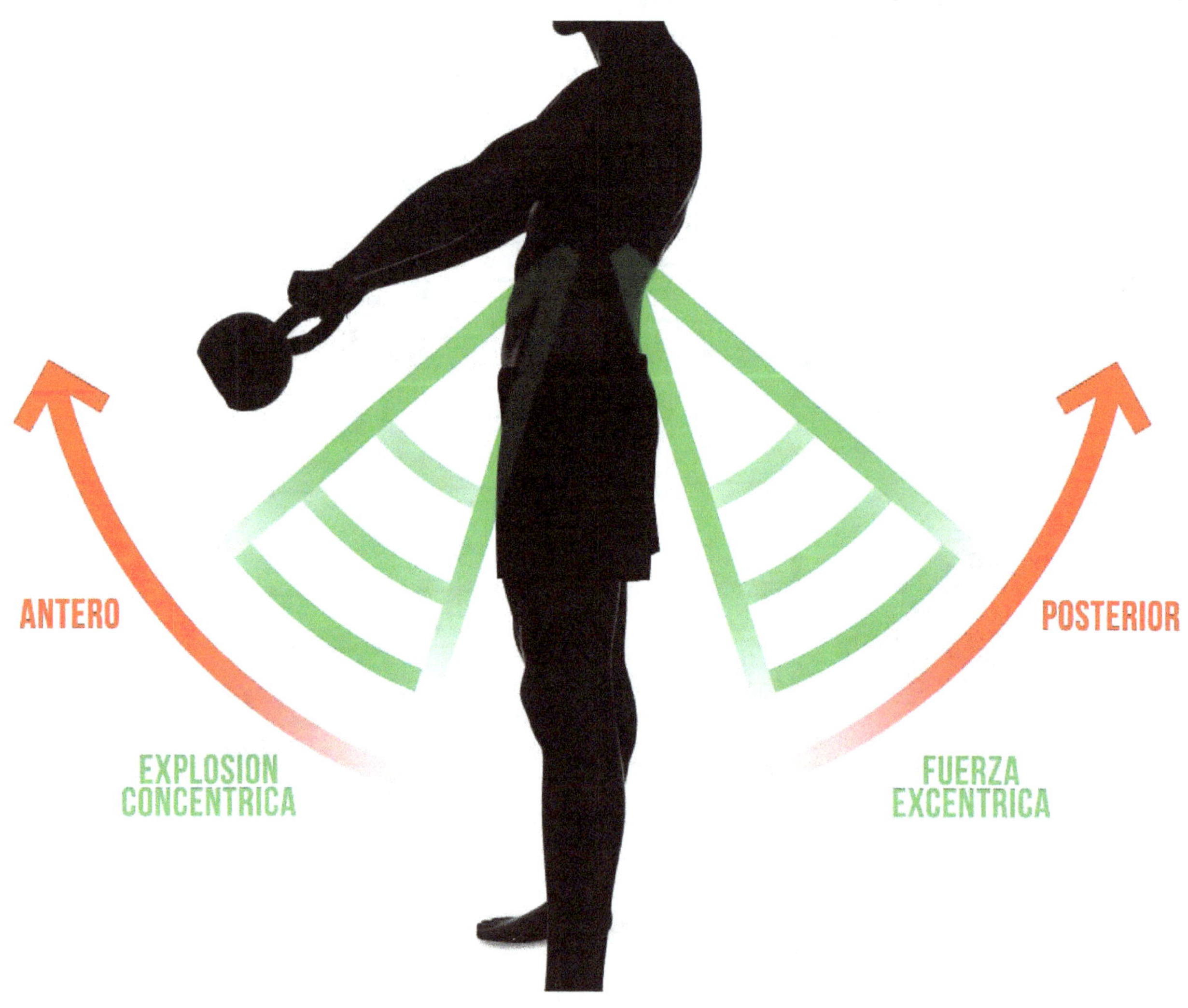

TEST DE GLUTEOS

Antes de comenzar, será una buena idea corroborar si la secuencia de activación de los musculatura posterior, es la adecuada. Este simple test, puede ser realizado boca abajo o boca arriba. En ambas versiones, trataremos de identificar si cuando se produce una extensión de cadera, es el grupo isquiosural o el glúteo, el primero en activarse.

La teoría indica, que el primer músculo en activarse debería ser el glúteo. Si en cambio, es el grupo isquiosural el primero en dispararse, quizás estemos frente a una secuencia de activación de músculos desprogramada. Así, el test nos servirá para enseñar a activar conscientemente primero el glúteo y luego el grupo isquiosural.

Con una mano debajo de los isquiosurales y otra debajo de los glúteos, realizar una extensión de cadera y mediante esta palpación, tratar de registrar cuál de los dos músculos se ha disparado primero. En esta secuencia el glúteo debería ser el primero, de lo contrario nos encontraríamos con una posible disfunción en la secuencia de activación muscular.

PUENTE DE CADERA

En base al test anterior, usaremos el puente de cadera como corrector básico o inclusive, como ejercicio introductorio a la dominancia de cadera. En el mismo, boca arriba con las plantas de los pies apoyados y las rodillas flexionadas, buscaremos extender la cadera levantando la pelvis, intentando que no se produzca una compensación en la zona lumbar. Para verificar si esto sucede, basta con prestar atención a un cambio o acentuación en la curva de la misma.

Para poder extender la cadera, no solo necesitaremos activar el glúteo, sino que será requisito fundamental que el psoas ilíaco se estire y relaje, permitiendo la realización de este movimiento. Si nos encontramos con un psoas ilíaco muy hipertónico (rígido), probablemente también nos encontremos con un glúteo inhibido y deberemos atacar por varios flancos a esta disfunción. Tanto activando el glúteo, cuidando que no se active el grupo isquiosural, como también tratando de relajar y recuperar flexibilidad en el psoas ilíaco.

BISAGRA DE CADERA CON BASTON

Antes de comenzar, es importante chequear que la persona tenga un mínimo manejo de flexión extensión de la cadera SIN QUE GENERE COMPENSACION EN LA ZONA LUMBAR (retroversión, que se exprese en pérdida de lordosis lumbar). Unas extensiones de cadera (puente de cadera en el suelo como las vistas en la página anterior), ayudan a que entienda y localice el movimiento. El foco está en la contracción de los glúteos y la extensión de la cadera, mientras la zona lumbar se mantiene estable.

Una vez comprendido esto, debemos asegurarnos que mantiene las CURVAS FISIOLOGICAS en su lugar, desde la posición de parado. Una solución barata y al alcance de todos, es utilizar un bastón para buscar y detectar ausencias o exageración de curvas. No seguiremos avanzando hasta que el sacro, la mitad de la zona dorsal y la escama del occipital del cráneo, mantengan una línea y se presenten las lordosis fisiológicas (curvas de concavidad posterior), lumbar y cervical. Si nos encontramos con una exageración de todos estos elementos o ausencia total de curvas, quizás estemos ante una situación patológica que requerirá la derivación correspondiente.

Cuando todo esté en orden, comenzaremos a practicar el gesto de flexión/extensión, con el bastón en la espalda como medida, mientras producimos el movimiento EXCLUSIVAMENTE con la flexión/extensión desde la cadera y muy poco de las rodillas y los tobillos.

Una vez aseguradas las curvas naturales, repetiremos las alineaciones trabajando el gesto del peso muerto en el aire y manteniendo la guía del bastón sobre la espalda.

Cuando estemos seguros que la persona comprende la mecánica del movimiento producido desde la cadera, podemos liberarlo del bastón y de la ayuda, entonces comenzará a repetir el gesto sólo, sin ningún tipo de ayuda ni de carga.

6. PATRONES DE MOVIMIENTO

Podemos catalogar a todos los ejercicios de kettlebell, dentro de lo que llamamos "patrones de movimiento". Aquí, en vez de describir caprichosamente los ejercicios, los catalogamos por funciones principales que cumple el cuerpo. De esta manera, es mucho más fácil organizar y entender al kettlebell por función, lo que facilitará el armado de secuencias de entrenamiento con una función efectiva.

EMPUJE DE MIEMBRO SUPERIOR

Aquí, englobamos los ejercicios realizados con nuestras extremidades superiores en un formato de empuje (extensión de codo y flexión de hombro). Además de los grupos principales extensores del codo (como el tríceps), también entrarán en juego los flexores y abductores del hombro y todos los otros músculos que estabilizan las zonas circundantes. Los ejercicios más comunes con kettlebells en este patrón son: PRESS, PUSH PRESS, JERK, BENT PRESS, SIDE PRESS, PUSH UP SOBRE KB.

JALON DE MIEMBRO SUPERIOR

El antagonista al patrón de empuje, es el patrón de jalón con miembros superiores. Aquí, se acercan los miembros hacia el centro del cuerpo. Para esto se activan los flexores del codo, como el braquial, bíceps y supinador largo y los extensores del hombro, como el dorsal, el redondo mayor y las fibras posteriores del deltoides; también, los estabilizadores adecuados. Los ejercicios más comunes son: REMOS, REMO RENEGADO, DOMINADAS CON CARGA, CLEAN, HIGH PULL.

DOMINANCIA DE RODILLA

Interpretado como un empuje con los miembros inferiores, la dominancia de rodilla se basa en una extensión principal de las rodillas, acompañada por una extensión de cadera y de tobillos. Esta acción principal, está dada por los cuádriceps y por su coordinada relación entre estos músculos con los isquiosurales. El ejercicio más representativo de la dominancia de rodilla es la sentadilla. Si bien en todo su recorrido está presente, en su fase profunda, la dominancia es compartida con la cadera para poder frenar la bajada. Los ejercicios representativos de esta dominancia son: GOBLET SQUAT, SUMO, RACK SQUAT, OVERHEAD SQUAT, PUSH PRESS, JERK, COSACO, LUNGE, PISTOL, THRUSTER.

DOMINANCIA DE CADERA

En los miembros inferiores, el jalón es entendido como la dominancia de cadera. Aquí, se busca extender la cadera principalmente en su fase concéntrica, utilizando los glúteos como movilizadores principales. También, comparte similitudes con la dominancia de rodilla, al usar en menor medida la extensión de las rodillas y los tobillos. Esto genera muchas veces confusiones entre esta mecánica y la de las rodillas. Los ejercicios más comunes de este patrón son: SWING, PESO MUERTO, PESO MUERTO A UNA PIERNA, MOLINO INFERIOR, BUENOS DIAS, CLEAN, SNATCH.

NÚCLEO (Core)

Ya hemos hablado extensamente sobre el core en su capítulo correspondiente. Lo incluimos como un patrón, porque estaría representando TODOS los anti movimientos. Mucha gente habla de rotación o de inclinación como un patrón en sí, pero en verdad, en el tronco siempre estaremos buscando anti movimiento y la acción de los músculos de este área como frenadores de movimiento, más que como productores de movimiento (en un escenario de levantamiento de cargas aceleradas). Considero que este patrón debería ser el primer requerimiento para muchos de los otros. Algunos ejercicios dentro de este patrón son: LA LEVANTADA TURCA (TGU), ALREDEDOR DEL CUERPO, EL HALO, EL HALO EXTENDIDO, LA VALIJA Y LA CAMINATA DEL GRANJERO.

TRANSPORTE (cargar y llevar)

Ya hemos explicado y justificado los transportes en la sección de caminata del granjero y en el manual de caminata de granjero. Lo fundamental aquí, es mantener la integridad estructural bajo carga mientras transportamos algo. Entendiéndolo como un ejercicio de núcleo dinámico.
Ejercicios de trasporte son: CAMINATA DEL GRANJERO, VALIJA, CAMINATA DE COOK EN TRES POSTURAS, LASTRES Y EMPUJES.

PATRON ROTACIONAL

Es el patrón en el que se alinean los movimientos producidos en el plano transversal. Principalmente, en las articulaciones aptas para producir este tipo de movimiento: la cadera, hombros y antebrazos. También, en la zona dorsal de la columna.

Como ejemplo, dentro de este patrón tenemos: Movimientos deportivos de lanzamiento, golpe y arroje.

Históricamente en kettlebells, no habían muchos ejercicios con este patrón, pero en los últimos años, se han "copiado" y adaptado movimientos propios de otras herramientas en las cuales el patrón rotacional, es esencial: las clavas indias, los clubbells, los mazos (gadas tradicionales), martillos y elementos similares.

PATRONES HIBRIDOS

En la medida en que los ejercicios son más compuestos, es decir, que se integran más partes del cuerpo para la ejecución de un movimiento, resulta más difícil separar en patrones. Así, se comienza a unir patrones y aparecen los patrones híbridos. Un muy buen ejemplo es el peso muerto o el sumo, que ha sido definido como dominante de cadera para algunos o dominante de rodilla para otros. En el análisis más exhaustivo de este movimiento, descubrimos que posee un primer tiempo de dominancia de rodilla, un segundo tiempo de dominancia combinada de rodilla y cadera y uno final, de cadera. Al mismo tiempo, el trabajo de núcleo y el jalón, están presentes durante toda su ejecución.

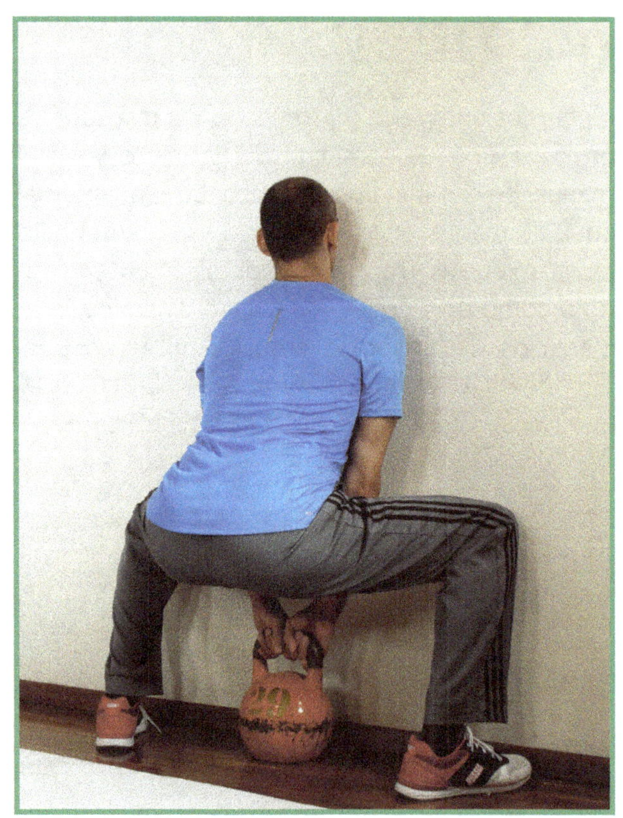

7. EMPUJE
DE MIEMBRO SUPERIOR

Hemos estudiado que necesitamos el péndulo para cargar la pesa y el rack para sostenerla y desde allí, poder llevar la pesa hasta la posición de overhead. A partir del rack entonces, comienzan casi todos los ejercicios que podemos hacer involucrando el miembro superior en un patrón de EMPUJE activo.

Un gran consejo que da Pavel en sus obras con respecto al press, es el de comprender la mecánica de la escápula en la dominada. Puede sonar contradictorio que un ejercicio dominante de empuje, posea otro elemento tan significativo y opuesto como lo es el jalón, pero así es. Para mantener la pesa estable por encima de la cabeza, como habíamos mencionado anteriormente, necesitamos conciliar dos opuestos: el empuje del miembro superior con la tracción de la escápula. El empuje va a extender el codo y flexionar el hombro y la tracción es la que va a estabilizar la escapula bajándola y adhiriéndola al tórax.

Un ejercicio básico y fundamental, es colgarse de la barra de dominadas y desde esa posición, dejando como punto fijo los miembros superiores, jalar todo el cuerpo hasta que este quede encajado en las escápulas. De esta manera, estamos activando principalmente el serrato mayor anterior y las fibras inferiores del trapecio.

Hasta no entender este concepto y dominar el manejo de la escápula para poder producir una extensión en el codo, al tiempo que mantenemos la escápula baja, es prácticamente una pérdida de tiempo tratar de estabilizar un kettlebell por encima de nuestra cabeza.

Por eso, el mejor resumen para este concepto, es entender que el brazo empuja pero la escápula jala en sentido contrario.

DIFERENTES PRESS CON KETTLEBELLS

En este esquema, con una visión superior en un corte transverso del cuerpo, podemos ver los diferentes ángulos en los que podemos ejecutar el press. Cada ángulo, tendrá un propósito diferente y los aprovecharemos según lo que necesitemos.

Hemos presentado diversos racks para diversas funciones y este es el momento de usarlos todos. Debemos comprender cuales requieren mayores parámetros de movilidad y estabilidad y cuales son los más accesibles en ejecución. Estas cuatro posiciones ya las estudiamos en el capítulo de rack.

1. ANGULO DEL PRESS ESTRICTO

2. ANGULO DEL PRESS A 30°

3. ANGULO DEL SIDE PRESS

4. ANGULO DEL BENT PRESS

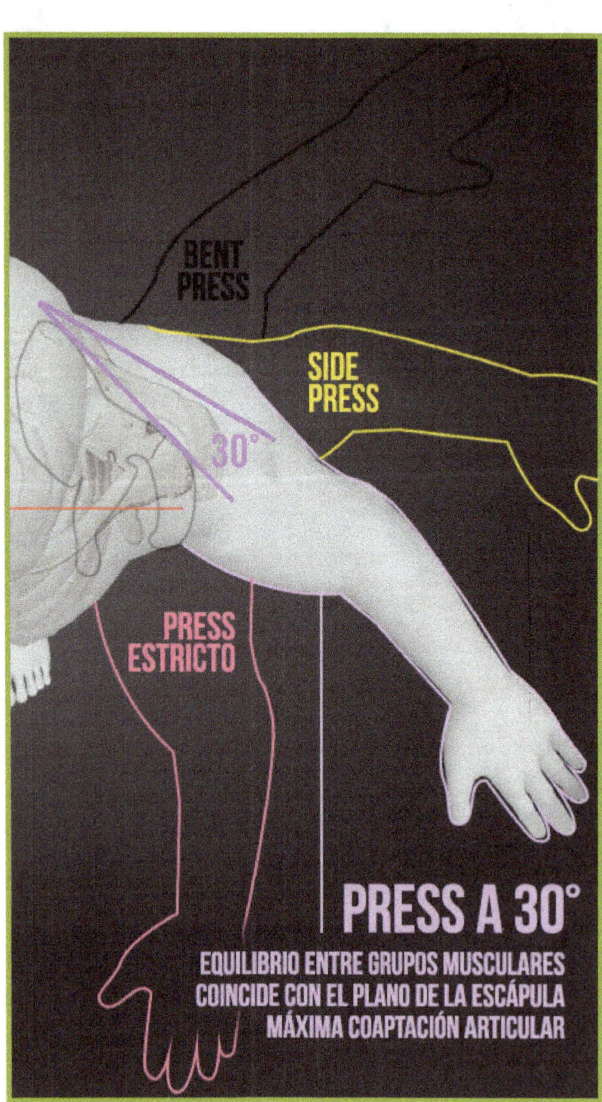

1. El ángulo del press estricto, es a 0° de rotación anatómica de hombro (con la mano apuntando hacia adelante). En este ángulo, la elevación de la pesa dependerá principalmente de la flexión del hombro y de la intervención principal del tríceps y las fibras anteriores del deltoides. Esto, lo convierte en uno de los press de mayor dificultad de ejecución.

2. El ángulo de 30° (con respecto a un plano frontal, que se encuentre en la línea de nuestra espalda), es un press muy "amigable" ya que este ángulo, es favorable para la articulación del hombro y recluta mayores grupos musculares.

3. El ángulo del side press a 90°, recluta mayores fibras laterales del deltoides y contiene un accionar compensado con el resto del tronco, que facilita levantar cargas más pesadas.

4. El ángulo del Bent Press, tiene una gran demanda de movilidad, pero permite al cuerpo meterse por debajo de la pesa y en consecuencia, levantar mayores cargas.

PRESS ESTRICTO

Con este ejercicio, construiremos nuestro primer levantamiento por encima de la cabeza. Si se presentan dificultades en su ejecución, ya sea por ausencia de coordinación o valores bajos de fuerza y movilidad, recomiendo enfáticamente comenzar con el press a 30° de la siguiente página.

Desde la posición de rack y manteniendo el antebrazo en una línea perpendicular al piso y al techo, empujaremos la pesa hacia arriba gracias a la extensión de nuestro codo, a la flexión de nuestro hombro y a la tracción de la escápula, como mencionamos al comienzo del capítulo.

El press estricto o militar, es uno de los ejercicios más integrativos de todo el cuerpo en cuanto a tensión se refiere. Aquí, aprendemos que en el momento de empujar la pesa, todo el cuerpo es un bloque rígido de tensión.

Por eso, además de los detalles técnicos básicos, mencionamos también:

• *Mantener el antebrazo perpendicular, en la misma línea que nuestro muslo.*

• *Extender el codo completamente.*

• *Tratar de que los hombros no se inclinen.*

• *Prestar atención a todos los puntos de corrección descriptos para "Overhead".*

• *El codo en la misma línea que el antebrazo.*

Además de estos simples detalles técnicos, aunque es un ejercicio en el que sólo movemos un segmento del cuerpo, tendremos que generar mucha tensión en el resto del cuerpo.

• *Cerrar y tensar en forma de puño, la mano que no está sosteniendo el kettlebell.*

• *Ajustar la zona media, como si fuera "lo último que hicieras en tu vida".*

• *Comprimir el diafragma al tiempo que guardamos el aire o dejamos salir el aire, con un formato de silbido.*

• *Apretar los glúteos, la zona del periné (suelo pélvico) y empujar las plantas de los pies contra el suelo, pero sin producir movimiento.*

Este ejercicio no solo nos permite acercarnos al press de una manera más amigable, sino que también es el más balanceado desde un punto de vista biomecánico. Como vimos, la cavidad de la escápula que recibe al hueso del brazo (húmero), no se encuentra estrictamente mirando hacia el lateral, sino que se encuentra a unos treinta grados con respecto al plano frontal del cuerpo. Lo que haremos en este caso, no será dejar el brazo de frente (como en el press estricto), sino que buscaremos alinearlo con la dirección en la que la escápula se encuentra posicionada. Así, conseguiremos una mayor coaptación en la articulación y un balance entre los rotadores, ya que nos estaremos acercando más a una posición de equilibrio.

Este balance generará que nos sintamos más cómodos, estables y seguros en la ejecución del press con kettlebells. También, al mezclar movimientos como la flexión y abducción de hombro, integraremos más grupos musculares en la acción.

Podemos usar este press cuando estamos aprendiendo la técnica o cuando estamos evaluando practicar con un peso nuevo, más desafiante. De esa manera, nos aseguraremos encarar la dificultad, con la mejor ventaja biomecánica posible.

Esta versión del press, la podemos entender como la versión "trampa" de todos los press. En la misma, comenzaremos con un rack bien lateral en el costado de nuestro cuerpo, empezaremos a empujar la pesa y cuando notemos que no tenemos más fuerza para seguir, comenzaremos a inclinarnos de costado. Este tipo de maniobra, nos permitirá generar más espacio y si bien la pesa no se moverá, nosotros nos alejaremos de ella. Esto provocará que nuestro codo quede cada vez más extendido y el cuerpo más alejado de la pesa, lo que en sí implica el alejamiento de la carga sobre el cuerpo. Recordando SIEMPRE que la inclinación lateral será producida desde las caderas y NUNCA inclinándose desde la columna. Técnica similar a la usada en los molinos, de mi manual "Furioso y no convencional".

El side press, ha sido utilizado por los antiguos strongman para levantar más peso del que podrían levantar con un press estricto; de hecho, gran parte de las fotos que nos llegan hoy en día de Arthur Saxon, nos muestran como usaba inteligentemente este recurso, para levantar grandes cargas. Con esta maniobra, se consigue extender el codo sin hacer una fuerza real de extensión, sino simplemente alejándose del peso, usando el mismo principio que podemos ver en el Bent Press o en el Jerk.

Este truco no solo nos permitirá levantar más peso, sino también realizar más repeticiones con el mismo peso, que en la versión estricta.

También puede usarse efectivamente para comenzar a escalar en pesos más pesados que aun no podemos manejar o para entrenar sobrecargas en los días que no estemos trabajando press específico. Por ejemplo, si nuestro límite de press estricto o a 30° es de 24 kilos, podremos hacer side press con 26 o 28 kilos como una manera de sobreestimular el gesto de empuje.

BACK UP PRESS

Este ejercicio, es una verdadera ayuda para empujar más peso que el que podemos mover con el press convencional. Simplemente asistiéndonos con la mano libre, ya sea empujando la mano que sostiene la pesa o la misma pesa, seremos capaces de terminar de realizar el press.

Este tipo de press, se puede utilizar como estímulo en un peso pesado, que esté por encima de nuestro máximo. También, para realizar una práctica de sobrecargas que esté por encima de nuestro máximo, pero que nos permita recibir un sobrestímulo de peso.

Este press se puede usar en otras figuras, como la levantada turca, el sot press o cualquier otro empuje que necesite una ayuda extra.

Podemos regular el empuje de la mano que asiste, para que no se convierta en un empuje de a 2 manos puro. Con el paso del tiempo, la mano que asiste ayudará cada vez menos, hasta que podamos empujar la pesa con una sola mano. Luego podremos avanzar a un peso mayor y volver a recibir la ayuda de la mano accesoria.

PRESS EXCENTRICO

Podemos hacer un press excéntrico luego de un back up press. Recordemos que la bajada controlada y desacelerada, nos permite sostener la pesa muy por encima de nuestro máximo en press.

Esta es una manera sencilla de mejorar indirectamente el press, usando su fase negativa. También lo podremos trabajar en un peso que podemos controlar pero dedicarle un tiempo extra a desacelerar las bajadas para recibir el estímulo excéntrico.

El back up press con el press excéntrico funcionan perfectamente trabajando en conjunto. Como resultado, podremos acercarnos a controlar pesos que antes nos resultaban inaccesibles.

SERRATO PUNCH

Sencillo y efectivo ejercicio, popularizado por Craig Liebenson. En esta simple versión, ejecutaremos un press horizontal en el piso, para luego empujar un poco más la pesa con la acción de la protracción (abducción) de la escápula; aumentando así el trabajo sobre el serrato mayor anterior. Cuidaremos de mantener el codo extendido, para que la carga caiga en la escápula y que sea labor del serrato activarla. Está es la versión a cadena semiabierta de el push up plus, que hicimos en el capítulo de preparación, pero más específica a la práctica del kettlebell.

Es un excelente ejercicio para introducirnos o asistir a otros ejercicios de empuje horizontal como: floor press y levantada turca.

PRESS HORIZONTAL

Clásico ejercicio, que podemos hacer en el piso o arriba de un banco. Este es un ejercicio que subestimé (e incluso me burlé) durante años, pero que es muy práctico. No solo para levantar más peso que el que levantamos en el press de parado, sino también para entrenar el empuje horizontal, casi ausente en el sistema kettlebell. Podemos empujar desde el suelo usando una o dos kettlebells. Personalmente, recomiendo la versión con barra, pero si estas son las únicas herramientas que tenemos al alcance, podemos hacerlo con kettlebells y aprovechar el valor agregado del factor de estabilización, aunque limitados por la cantidad de carga que vamos a mover.

Este ejercicio se puede usar para levantar mucha más carga que con el press vertical y de esta manera, usarlo como sobrecarga para mejorarlo.

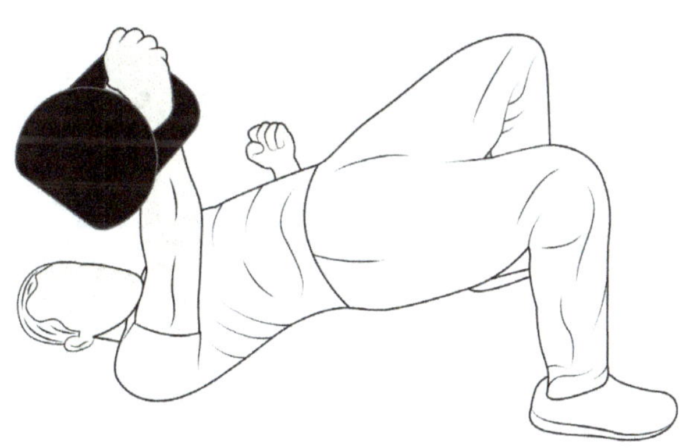

ENTRENANDO EL PRESS

Aquí explicaré un famoso protocolo de cinco semanas, popularizado por Pavel, con el que te aseguro que podrás obtener mejoras de manera significativa. Es muy útil cuando sentimos que no avanzamos en el press o que nos cuesta mucho levantar una carga más pesada. Usa principalmente el concepto de pirámides rusas, en las que vamos aumentando de manera moderada las repeticiones, tanto en las sesiones como en los cambios de semana.

Primero, tenemos que definir el peso a trabajar. El mismo tendrá que ser un peso que podamos empujar entre 5 y 8 veces, llegando a las últimas repeticiones casi con dificultad. Este peso, será el que usaremos con la intención clara de mejorar un peso más pesado. Como ejemplo, si estamos buscando mejorar el press con 32 kg, probablemente estemos usando un kettlebell de 28 kilos para esta progresión.

La primera semana, realizaremos una repetición con cada brazo y podremos utilizar estas dos opciones:

- Descansar entre series de repeticiones.
- Continuar sin detenernos, utilizando como descanso, el tiempo que estamos empujando la pesa con el otro brazo.

Luego, haremos 2 repeticiones para terminar con 3 repeticiones. Allí descansaremos el tiempo relativo al trabajo y luego haremos 2 series más, sumando unas 18 reps totales en esta primera semana. La segunda semana, haremos lo mismo pero con 4 series. La tercera semana con 5 series. Y la cuarta semana incluiremos hasta 4 repeticiones quedándonos un total de 50 reps total en esta semana, ya que también mantendremos las 5 series. Para terminar, en la última semana realizaremos una escalera de hasta 5 repeticiones y de 5 series, sumando un total de 75 repeticiones; un volumen para nada despreciable.

Si elegimos bien el peso y trabajamos correctamente, notaremos que el press ha mejorado de una manera realmente notable.

1°Semana	(1,2,3 reps) x 3 series = 18 reps total.
2°Semana	(1,2,3 reps) x 4 series = 24 reps total.
3°Semana	(1,2,3 reps) x 5 series = 30 reps total.
4°Semana	(1,2,3,4 reps) x 5 series = 50 reps total.
5°Semana	(1,2,3,4,5 reps) x 5 series = 75 reps total.
	TEST Y DESCANSO.

8. JALON
con MIEMBRO SUPERIOR

Los jalones con los miembros superiores se reducen a una serie de pocos ejercicios, básicamente remos y jalones con kettlebells. Si bien son pocos ejercicios, su introducción en nuestras prácticas son fundamentales. Además de trabajar todos los músculos responsables de la tracción (dorsal ancho, braquial, bíceps y espalda), también es el mejor medio de balancear la tendencia al desarrollo exagerado de ejercicios de empuje y de zona anterior del tronco. La tracción, balanceará cualquier otra dominancia de empujes y además, mejorará nuestros empujes; como hemos visto anteriormente, la estabilidad de la escápula o la activación de la espalda, nos ayudará a mejorar por ejemplo, la postura de empuje del press de parado.

Los jalones, son fundamentales para desarrollar todas las capacidades estructurales necesarias, para poder resistir la tracción a la que la pesa nos someterá en los clean, swing y snatch.

Recomiendo antes de comenzar, tener una noción básica de la tracción con una banda elástica. Primero poder aducir las escápulas atrás, luego hacer la flexión de codos y la extensión de hombros traccionando la banda, sin que se presenten compensaciones en el resto del tronco.

REMO A UN BRAZO REMO *A DOS* BRAZOS

Tenemos diferentes variantes para este ejercicio, el que mostramos aquí es usando una postura asimétrica: con la rodilla adelantada flexionada y la atrasada extendida, usamos la mano de este lado para realizar el remo, mientras que la otra mano puede apoyarse sobre la rodilla que se encuentra flexionada.

También, podemos adoptar una postura con los pies paralelos y apoyar la mano libre en un rack o superficie estable. La idea es acercar la pesa lo más posible al cuerpo y llevar el codo lo más atrás, para activar al máximo los músculos responsables de la tracción. Cuidaremos en todo momento, no mover el rectángulo de nuestro tronco, como vimos en el capítulo de núcleo.

En esta versión, mantendremos los pies paralelos y separados. El tronco un poco por encima de una flexión a 90 grados de cadera, con el grupo espinal activado para evitar cualquier tipo de flexión en la zona lumbar. Jalaremos las dos pesas, al tiempo que no generamos movimiento ni desarmamos la estructura del tronco. Mantendremos los codos bien pegados al cuerpo, cuidando en todo momento que el peso de las pesas no produzca flexión en nuestra columna.

DOMINADAS

Si bien las dominadas en barra pueden hacerse con cualquier herramienta, mancuerna o peso, lo presentamos aquí con kettlebell, por la importancia que tiene para la estabilización de la escápula, en todo el sistema kettlebell.

En este caso y ya que tenemos las kettlebells, nos colgaremos el peso para realizar la dominada que obviamente trataremos de que sea ESTRICTA.

Ya sea con un agarre supino, que facilitará la acción del bíceps braquial o neutro, que facilitará la acción del braquiorradial y del braquial (principal flexor del codo).

Una vez que manejamos las bases de las dominadas y ya podemos cargar un peso considerable, recomiendo utilizar el mismo programa que propusimos para el press pero en las dominadas.

ENTRENAMIENTO:

• 70 % al 80% del RM:

2 reps - pequeño descanso.

3 reps - pequeño descanso.

5 reps - descanso.

3 SERIES

POTENCIA-HIGH PULL

Este es el clásico ejercicio de jalón de miembro superior, que puede ejecutarse de manera explosiva. Desde el piso o desde el swing, jalaremos la pesa hacia arriba y hacia atrás ejerciendo un frenado cuando el mango está llegando a la línea de la cara; inmediatamente desde allí, se vuelve a apoyar la pesa en el suelo o se regresa al balanceo del swing.

En el primer caso, el movimiento no estará facilitado y debemos explotar ni bien comenzamos a mover la pesa. Por el contrario, el segundo caso, en el que la pesa ya viene acelerada gracias al movimiento previo, facilitará su ejecución.

Como en todos los ejercicios explosivos con kettlebells, deberemos reforzar el núcleo en el momento que frenamos la pesa, impidiendo que el movimiento de la misma nos incline hacia atrás. El high pull horizontal, es ideal para complejos y encadenados en donde al salir de una postura en la cual ya tenemos agarrada la pesa por el mango, podemos ir directamente hacia este jalón horizontal. También, es un excelente ejercicio de tracción explosiva por sí solo.

Como el recorrido del high Pull horizontal es hacia arriba pero HACIA ATRAS, no es un ejercicio que recomiendo como metodología de enseñanza del snatch. Si bien puede servirnos para estimular la resistencia al jalón que nos ofrece la pesa, el recorrido no es ni parecido al del snatch, ya que mientras se dirige hacia arriba, también va hacia atrás. Por esta razón, no podemos definirla como una levantada de "UN SOLO movimiento" como es el caso del snatch.

ENTRENAMIENTO:

- 10 high pulls y cambio de mano.

- 8 high pulls y cambio de mano.

- 6 high pulls y cambio de mano.

- 4 high pulls y cambio de mano.

3 SERIES

REMOS RENEGADOS

Definitivamente, este es el gran ejercicio que quizás no estés incorporando a tus entrenamientos, similar a lo que sucedía con la caminata del granjero.

Originalmente, un ejercicio para realizar con las mancuernas hexagonales, pero que puede adaptarse perfectamente a las kettlebells; siempre teniendo el cuidado de que las bases de las pesas, sean bien estables.

El remo renegado, es una genialidad que combina el jalón en el brazo que levanta la pesa, el empuje del brazo que queda sosteniendo el resto del cuerpo apoyado en la otra pesa y el extremadamente intenso trabajo de la zona media, que tiene que estar sosteniendo y manteniendo unidos, el empuje con el jalón del brazo.

Desde un punto de vista de aplicación y transferencia, el remo renegado educa a empujar con un brazo mientras el otro jala. Al mismo tiempo, el núcleo transfiere fuerzas entre estos dos movimientos, sin perder la estructura. Definitivamente, es una habilidad sumamente indispensable en sistemas de lucha como judo, jiu jitsu y lucha libre.

Además de ser un ejercicio extremadamente intenso y útil, encaja perfectamente en los encadenados y complejos, ya que las pesas ya están en las manos, facilitando la bajada al piso o la subida, para combinarlo.

PROGRESION DE REMO RENEGADO

El remo renegado es un ejercicio que al implicar tantos patrones y demandar tantas capacidades simultáneas, requiere una progresión lógica y ordenada. Este ejercicio demanda la utilización de progresiones (o regresiones) ordenadas y sistematizadas para lograr su correcta ejecución. Estas, podrán ser utilizadas al trabajar con alumnos en los que la edad, el nivel y sus diversas características, exijan el uso de diferentes segmentos de un ejercicio o quizás, diferentes ejercicios para cumplir esta función.

La característica distintiva que hace del remo renegado un ejercicio tan completo, es la presencia de un empuje sostenido, sumado a la actividad del núcleo, al tiempo que se ejecuta el jalón (el patrón más dominante en el ejercicio). Así, en la regresión, lo primero que habría que plantear, es cada una de estas capacidades por separado.

Podemos comenzar con el jalón, que es la figura principal y que le da nombre a este ejercicio.

Suponiendo que ya poseemos un tronco que pueda mantener la rigidez y la estabilización anclando los miembros superiores, antes de jalar una carga tenemos que poder controlar el segmento que une a los miembros superiores con el tronco. El único elemento articular con dos huesos tomando contacto entre sí, es la articulación esternocostoclavicular. Pero observamos que lo que establece el mayor vínculo mecánico y de fuerza mediante, es la escápula con la columna y el tórax posterior.

Lo primero, será tener un buen control motor sobre la retracción y descenso de la escápula, presente en muchos jalones. Es importante conocer e independizar todos estos movimientos para que luego, las escápulas no pierdan una posición de neutralidad ante las cargas.

Con una banda elástica, podemos controlar la retracción de la escápula desde una posición extendida, para luego agregar una extensión de hombro y una flexión de codo, los tres elementos de un jalón horizontal básico.

Retracción protracción.

La caminata del granjero es un gran "anti jalón". En este caso, la carga será la que nos jalará en sentido de la gravedad y tendremos que resistir esta acción, manteniendo la neutralidad en la cintura escápular, al tiempo que unimos los trenes inferior y superior, conectándolos con nuestro tronco.

Con una perspectiva más "evolutiva", el primer abordaje que recomendaría, sería poder colgarse de manera natural (con escápulas activas para que no pierdan su neutral posición de estabilidad). Esta posición debería sostenerse por lo menos la misma cantidad de tiempo que tomaría realizar el ejercicio que nos estamos proponiendo (Ej: si me propusiera realizar 20 dominadas y digamos tardara 2 segundos por repetición, debería mantener la posición al menos 40 segundos). Esto es para no subestimar la fuerza y la resistencia del agarre, condiciones que serán limitantes.

Con este control, podremos pasar a los remos clásicos horizontales o diagonales, realizados con mancuernas o kettlebells.

Caminata del granjero.

¡Cuélgate TODOS los días!

Trabajando con bandas.

Con una buena base de fuerza estructural, podemos progresar a una figura similar al remo, pero facilitada: con menor inclinación del tronco gracias a una superficie elevada y con los apoyos más cercanos entre sí.

Con respecto al tronco, tendríamos que ser capaces de progresar desde una plancha prona con ambos apoyos, a una plancha prona con un solo apoyo de miembro superior.

Si la persona no es capaz de hacer una plancha en la horizontal del suelo, quizás primero tenga que comenzar apoyándose en una pared y progresivamente, con cajones y elevaciones, ir bajando la altura de estas planchas. Ya instaurada la estabilidad necesaria en el tronco, y el empuje en el miembro superior (que nos servirá de apoyo enlazado a este núcleo), podemos comenzar a incorporar al jalón. Primero, podemos replicar la postura final pero en un conveniente plano inclinado. Esto reducirá la distancia entre el punto de apoyo del pie y de la mano, disminuyendo así el brazo de momento y el posible torque "negativo" en contra de nuestra estructura. Luego, podemos llegar completamente a la horizontal pero con los apoyos más cercanos entre sí, para nuevamente disminuir la distancia y el brazo de momento.

9. DOMINANTES DE CADERA

PIRAMIDE: PESO MUERTO | SWING | CLEAN | SNATCH |

Como ya vimos, el swing es nuestro "motor generador" que logra transferir una carga antero posterior, hacia una carga axial que es el overhead. El swing, en principio, era una parte del snatch o del clean, pero que ha sabido ganarse lugar como ejercicio en sí mismo. A partir del swing, podremos elevar la pesa sólo con el trabajo de las caderas, sin usar los brazos; esto nos permitirá hacer más repeticiones o levantar más peso de manera eficiente. Con una buena ráfaga de extensión de la cadera, la pesa subirá fácilmente hasta el clean y con una ráfaga más pronunciada, lograremos que la pesa suba con poco esfuerzo hacia la posición del snatch, que es como un clean, pero más alto.

Aquí entendemos que la altura hasta donde llegue la pesa, no es una caprichosa altura establecida previamente, sino el resultado de la potencia con la que ejecutamos la extensión de nuestras caderas.

No debemos olvidar que todas estas ráfagas de flexión/extensión cíclicas (swing), en verdad están soportadas por nuestra habilidad de comprender y transferir las ganancias que previamente hemos conseguido en el peso muerto. De alguna manera, siempre podremos estimular con más carga los movimientos de matriz como el peso muerto o el swing y así, mejoraremos indirectamente el clean o el snatch. En otras palabras, si nuestro límite en snatch es de 20 kilos quizás podamos estimular diferentes fases de este ejercicio levantando más peso en el peso muerto o en el swing, que al ser levantadas con menos requerimiento técnico y menos distancia de recorrido, permitirán levantar más peso. En la próxima página, podemos ver la relación de distancia, fuerza y aceleración entre estos tres ejercicios principales.

DEADLIFT

SWING VAGO

SWING

CLEAN

SWING VAGO ALTO
KB SNATCH

AJUSTES PREVIOS

Repasaremos nuevamente estos ajustes antes de cargar a una persona con una pesa.

• Chequear que tenga un mínimo manejo de flexión-extensión de la cadera SIN QUE GENERE una excesiva COMPENSACION (anteversión que se exprese en curva) EN LA ZONA LUMBAR. Unas extensiones de cadera en el suelo, ayudarán a que entienda y localice el movimiento. El foco estará puesto en la contracción de los glúteos y en la extensión de la cadera, mientras la zona lumbar se mantendrá estable. Ejercicios que ya estudiamos en la preparación.

• Asegurarse de que mantiene las CURVAS FISIOLOGICAS en su lugar, desde la posición de parado. Con un bastón, buscaremos detectar ausencia o exageración de curvas. Hasta que el sacro, las dorsales y el cráneo no mantengan una línea (manteniendo las lordosis fisiológicas lumbar y cervical) no seguiremos avanzando.

• Una vez aseguradas las curvas naturales, repetimos las alineaciones, trabajando el gesto del Peso Muerto en el aire, y luego con un poco de carga.

• Cuando todo esté bien, comenzaremos a practicar el gesto del kettlebell con el bastón en la espalda como medida, mientras producimos el movimiento EXCLUSIVAMENTE con la flexión extensión dominante desde la cadera y muy poco desde las rodillas.

SWING DE LA CABRA

Este es un excelente reemplazo para el clásico "buenos días", pero con la carga por delante de nuestro cuerpo. Si bien el "buenos días" puede ser utilizado para la preparación de la zona posterior, el "swing de la cabra" es más transferible a los que se hacen en el método kettlebell, porque a diferencia del "buenos días", la carga está por delante nuestro, emulando los requerimientos mecánicos del swing.

Parados con una postura que replique la posición del swing, tomaremos la pesa desde el mango con ambas manos, con la base apoyada en la zona de nuestro abdomen. Desde esa posición y manteniendo la pesa allí, realizaremos flexiones y extensiones de cadera. Cuando bajemos, trataremos de llegar al punto en que sintamos que los isquiosurales reciben toda la carga. Intentaremos no bajar a una postura de 90 grados ni exceder está; el foco está en sentir que la carga cae sobre los isquiosurales. Lo podemos lograr con menos flexión de rodillas, haciendo que la carga caiga en la zona posterior con más énfasis, siempre dependiendo de nuestra flexibilidad posterior. La idea básica de este fabuloso ejercicio, es preparar el excéntrico de los isquiosurales, la fuerza de los glúteos para extender la cadera y el sostén constante del grupo espinal anti flexor, lo que nos acondicionará el cuerpo para las demandas del swing y el snatch.

BUENOS DIAS

Si bien recomiendo el ejercicio adaptado al "buenos días", que es el "swing de la cabra", también podemos hacer los clásicos "buenos días" con kettlebells. Esto va a depender muchas veces de si necesitamos trabajar con el peso colgando por detrás o de si en una combinación, nos es más cómodo posicionar la pesa allí. Con el kettlebell apoyado en nuestra espalda, flexionaremos la cadera al tiempo que llevamos nuestro centro un poco hacia atrás. Las rodillas se dejan ligeramente flexionadas, produciendo el movimiento específicamente con la flexión de las caderas, al tiempo que dejamos el torso inamovible, sin producir ni exagerar curvas. Bajaremos manteniendo la neutralidad de la columna lumbar, hasta sentir que la carga cae sobre nuestros isquiosurales. Si no sentimos la carga, es muy probable que esta sea muy liviana; recordemos que este es un ejercicio originalmente diseñado con barra y mucha carga y quizás, un kettlebell sea poco peso para este tipo de movimiento.

Si el caso no es la cantidad de carga, probablemente estemos realizando algún otro tipo de compensación como las que detallo:

- *Mucha flexión de rodilla.*
- *Flexión compensada de columna tanto lumbar como dorsal.*
- *Un nivel de flexibilidad asombroso en la cadena posterior.*
- *Un nivel de fuerza en cadena posterior que está por encima de lo que exige el peso del kettlebell.*
- *Desplazar demasiado el centro de gravedad hacia atrás.*

PESO MUERTO CON KETTLEBELL

Usaremos una plataforma elevada para aumentar el movimiento de flexión/extensión de la cadera y reducir la flexión/extensión de las rodillas.

Es muy importante localizar el movimiento desde la cadera y mantener FIJA la zona lumbar, todo el tiempo con su curva natural fisiológica.

Con esto en mente, simplemente tomaremos la pesa, sin hacer un movimiento activo con los brazos, y elevaremos y bajaremos la pesa exclusivamente con el movimiento generado en la articulación de la cadera. Tendremos cuidado también de no desarmar el resto de las curvas de la columna y de mantener la cabeza, la zona dorsal y el sacro alineados, como explicamos en el peso muerto sin kettlebells.

Si ya estamos trabajando o planeando trabajar con barra, bienvenido sea. La barra va a permitir cargar más peso y sobre todo, mantenerlo por delante, lo que pone la carga más anteriormente, desplazando la misma hacia los glúteos con mayor predominancia.

También se puede practicar con dos kettlebells juntos, para aumentar la carga, aunque es realmente incómodo manipularlos por delante del cuerpo. Por esta razón, recomiendo la barra para trabajos de fuerza máxima y los kettlebells, para un trabajo introductorio o de mantenimiento del gesto mecánico.

PESO MUERTO A UNA PIERNA

Sólo realizaremos este ejercicio si somos capaces de hacerlo previamente apoyados sobre los dos pies, dominando y entendiendo el movimiento de la cadera y la estabilidad de la zona lumbar.

Este es un excelente ejercicio para el desarrollo y flexibilidad de nuestros isquiosurales. Prepara al alumno para la práctica del Swing y del Snatch, dándole fuerza excéntrica a los isquiosurales y reforzando los glúteos y la zona baja de la espalda. También introduce elementos propioceptivos para el desarrollo de la estabilidad y la percepción del movimiento y la posición.

Parados sobre un pie, realizaremos flexiones a nivel de la cadera, manteniendo el cuerpo derecho durante toda la bajada. Flexionaremos muy poco la rodilla de apoyo porque no es una sentadilla, sino una flexión de cadera. Esta leve flexión de la rodilla, también dirigirá la carga un poco menos a los isquiosurales y más hacia los glúteos, que es donde queremos poner el peso, ya que son los responsables principales de la extensión de la cadera. Si en vez de ello, flexionáramos mucho más la rodilla, nos encontraríamos con que la carga comienza a pasar hacia los cuádriceps, como si de algún tipo de sentadilla se tratara. Desde esa posición, nos erguiremos sobre un pie y repetiremos el ejercicio cinco veces de cada lado.

Tenemos tres versiones diferentes en lo que respecta a cómo tomar la pesa, en cada una se cumplirán funciones diferentes:

• Con ambas manos será más fácil, porque contaremos con ambas escápulas para resistir el jalón que nos presenta la pesa. También en este agarre, se condiciona a la pelvis a mantenerse de frente, facilitando así que la carga caiga más sobre la línea de los isquiosurales.

• Con la mano del mismo lado del pie de apoyo, será más difícil estabilizar la escápula porque el trabajo caerá sobre uno solo de los miembros superiores. En esta versión, la pesa tenderá a rotarnos hacia adentro, y esto nos obligará a activar toda la musculatura anti rotadora, convirtiéndolo inmediatamente en un ejercicio agregado de refuerzo del núcleo.

• Sosteniendo la pesa con la mano contraria al pie de apoyo, se volverá a complicar el sostén de la escápula, pero en este caso, la pesa buscará rotarnos hacia afuera, obligándonos nuevamente a activar los anti rotadores.

START STOP (HIKE PASS)

En este básico pero sencillo movimiento, aprendemos a sostener la pesa y hacer una extensión de hombro al tiempo que traemos nuestros brazos y la pesa entre las piernas, sin que se presente ningún tipo de compensación tanto en la espalda como en la postura de las piernas.

Este ejercicio, sirve tanto para aprender a mantener la postura de inicio del swing (ir a buscar la pesa), como para la postura final del swing (dejar la pesa), sin que se presenten compensaciones en ninguna parte de nuestra estructura. Si no podemos traer la pesa entre las piernas y sostener la postura mientras la pesa se balancea y vuelve, claramente no estaremos preparados ni para empezar, ni para terminar un ejercicio como el swing; por eso lo propongo como ejercicio obligatorio.

También tiene un elemento de vital importancia, que es la activación del dorsal ancho para provocar la extensión del hombro y que así se acerquen los brazos, y por consiguiente la pesa, a la posición objetivo. La fuerte activación de los dorsales hará que los brazos queden bien pegados al cuerpo y a las piernas, más precisamente a la zona inguinal.

Con este ejercicio, no solo estaremos comprobando la postura y la estructura, también estaremos entrando en calor y activando los músculos responsables de mantener el peso cerca de nuestro cuerpo, al igual que lo hacemos en el peso muerto con barra.

Este ejercicio es un excelente PUENTE entre las posiciones más estáticas como el 8, con los ejercicios dinámicos como el SWING. La cantidad de flexión de cadera o de rodilla, estará nuevamente condicionada a qué ejercicios queramos transferir esta habilidad. Si fuera uno más dominante de cadera, flexionaremos mucho más esta, que la articulación de las rodillas.

EL SWING

Este es, quizás, el ejercicio más importante de todo el sistema. Nadie debería realizar las levantadas más avanzadas, sin pasar por este poderoso y didáctico ejercicio; el swing, nos enseña a levantar la pesa dominantemente con la extensión de la pelvis y con una ayuda accesoria de las rodillas.

Es uno de los ejercicios más fáciles para acoplar a cualquier sistema, se adapta perfectamente a una clase, un circuito, como complemento de otros ejercicios y a eficientes protocolos intermitentes.

También se puede practicar tomando la pesa con ambas manos, con una sola o intercalando, y tiene un gran potencial para aumentar la carga (podemos hacer swing desde los 8 kilos hasta el relativo a nuestro propio peso corporal).

En esta guía, vamos a ver la preparación para el swing, la técnica en sí y varios tipos de swing básicos. Los swings que requieren más complejidad técnica, como el swing con piernas extendidas de competencia o el que alterna el peso de un pie a otro, los dejaremos para una publicación específica sobre kettlebell deportivo.

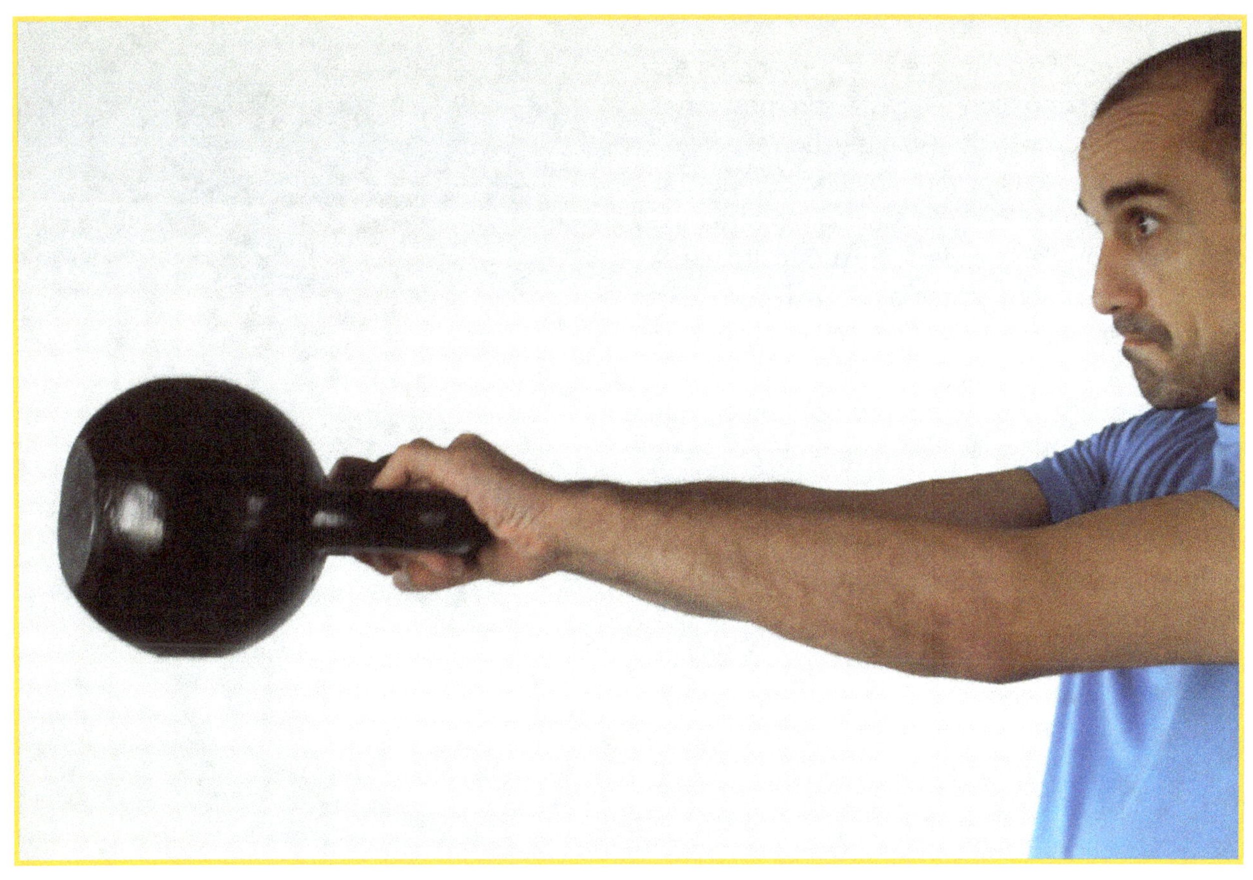

CORRECTIVO EN PAREJA

A la hora de corregir a un alumno, nos encontramos con el problema de que este no tiene toda la información y conceptualización que tenemos nosotros en nuestra cabeza. Quizás nuestras palabras son claras, pero la persona no las puede relacionar con la extensa "librería mental" que el instructor tiene en su cabeza. A veces hablamos claro, pero no es suficiente y además, el alumno no tiene ningún interés en saber si el movimiento es dominante de cadera o de rodilla; quizás, lo único que le interesa es sentirse bien, o bajar de peso o que no le duela la espalda.

Para estos casos, tenemos que poseer un recurso rápido y efectivo de corrección en nuestra "caja de herramientas".

El ejercicio que presento a continuación, es de simple aplicación y como tiene intervención directa sobre el cuerpo de la persona, la corrección es casi inmediata y asegurada.

Con el alumno listo para ejecutar el swing, ya sea con pesa o solo con el gesto sin pesa, nos colocaremos al costado y con mucho respeto, le informaremos que apoyaremos una de nuestras manos en la zona alta de su espalda y la otra en la zona anterior de la cadera. El propósito de la mano de atrás, será limitar la nociva hiperextensión lumbar, común en los principiantes de esta técnica. La mano anterior, servirá para que el alumno pueda identificar cómo tiene que extender la cadera y con qué energía debe hacerlo.

Entonces, en cada repetición la mano de atrás limitará la compensación y la mano adelantada, servirá para que el alumno tome noción de qué parte del cuerpo debe extender y con cuánta energía debe hacerlo.

SWING DOMINANTE DE CADERA

De todos los tipos de swing, este es el más eficiente y en el que logramos alinear el cuerpo en el mismo plano en que queremos que la pesa se mueva.

Recordemos que, si bien el swing puede ser un ejercicio en sí, en realidad sería la mitad del clean o el snatch. Básicamente, es una figura para producir elevación de la pesa a partir de la extensión de la cadera. Por lo tanto, todo nuestro foco estará puesto en esta acción de plegado y posterior extensión.

Con los pies separados a no más del ancho de los hombros, dejaremos primero caer la pesa hacia atrás para, en su retorno, aprovechar el movimiento de caída y, mediante la extensión de nuestra cadera, impulsarla con una fuerte ráfaga hacia arriba. La ráfaga es generada principalmente por la extensión de la cadera, que se encontraba en flexión cuando la pesa se dirigía hacia atrás. Tendremos cuidado de no alejar demasiado la pesa del cuerpo y mantendremos las escápulas firmemente encajadas cerca de la columna.

En el momento del back swing, trataremos de no flexionar mucho las rodillas, pero sí la cadera; esto exigirá una notable carga excéntrica sobre nuestros isquiosurales. Si notamos que esto es un limitante, tendremos que flexionar un poco más las rodillas para que disminuya la tensión en la zona de los isquiosurales y nos permita plegar más la pelvis. Sin embargo, debemos evitar convertir al ejercicio en un movimiento dominante de rodillas. Recordemos que debe predominar la actividad de la cadera.

SWING DOMINANTE DE RODILLA

Incluímos este swing, para diferenciarlo de lo que es un swing "bien hecho", en su concepto funcional. El swing es un péndulo, la presencia en exceso de la flexión de rodillas, hará que el movimiento se presente más en una carga axial; en cambio el péndulo, corresponde a cargas anteroposteriores. Diferentes planos, diferentes músculos, por eso es casi un pecado llamar a este tipo de sentadilla cíclica un "swing".

En el swing de cadera, el movimiento se ALINEA CON EL PLANO de trabajo de la pesa. En cambio, en el swing de rodilla no se alinea al mismo plano de trabajo en el que la pesa se mueve, por lo tanto, podemos definirlo como INEFICIENTE. Esto no quita que podamos usarla con una función determinada, como por ejemplo, cansar al practicante o "quemarle" las piernas, como finalizador de una sesión.

SWING MIXTURADO

De todas las variantes de swing existentes, esta es quizás la más básica y fácil de aprender. Podemos hacer el swing de manera segura, enseñarlo rápidamente y adaptarlo de inmediato a cualquier programa, evitando lesiones y aprovechando los recursos que brinda este ejercicio.

Con las piernas separadas un poco más del ancho de hombros (sin abrir demasiado), tomaremos la pesa del suelo, dejándola caer hacia atrás, como si de una hamaca se tratara. Recordemos que el back swing (balanceo hacia atrás), es sumamente importante porque nos da el impulso necesario para elevar la pesa con menos esfuerzo. En este caso, usaremos un 50% de flexión de rodillas y un 50% de flexión de cadera. Aunque no es lo más eficiente, logrará que el alumno nuevo se empiece a acercar de manera progresiva a esta técnica.

SWING VAGO (CORTO)

Este swing está focalizado en lograr la elevación de la pesa, usando la extensión de la cadera como principal acción. La pesa se moverá gracias a la contracción de los glúteos como músculos principales de la extensión. El movimiento de la pesa aquí, es menor que en el swing de miembros inferiores, por eso se lo denomina "swing vago". Los codos quedan todo el tiempo en contacto con el cuerpo, esto anula los miembros superiores desde los codos hasta los hombros, convirtiéndolos en una unidad con el torso. Los codos hacen un pequeño movimiento de flexión en la subida y uno de extensión en la bajada.

Para ejecutar este swing, flexionaremos MUY POCO las rodillas y mucho más las caderas en la bajada. Notaremos que tenemos menos back swing y realizaremos la elevación con una explosiva contracción de glúteos (dominante puro de cadera). Esta explosión será suficiente para extender la pelvis y elevar la pesa hasta la zona del plexo. Dejaremos que la pesa baje nuestro cuerpo nuevamente hacia la flexión (que será mucho menor que en el swing normal) y volveremos a repetir, siempre enfatizando la contracción de los glúteos como si nos estuvieran dando una patada en esa zona, cada vez que realizamos una repetición.

Este swing tiene tres propósitos:

1. Focalizar el trabajo en la zona de los glúteos como principales generadores del movimiento, ya sea por estética (glúteos más tonificados), postura o interés biomecánico.
2. Tener un movimiento menos demandante que el swing básico para entrenar con más peso o más repeticiones.
3. Preparar la primera fase del clean.

SWING RUSO

Siguiendo la caprichosa diferenciación que se ha formado en el ambiente del fitness, definimos como swing ruso a todas las técnicas y principios que vimos en el swing dominante de cadera, pero elevando la pesa hasta una altura comprendida entre el ombligo y los hombros. Nunca por debajo, ni por arriba de estos dos puntos. Recordemos que el swing tiene una dinámica bien diferenciada en su ejecución: cuando vamos hacia arriba es rápido y explosivo, como si de un salto se tratase y cuando vamos para abajo, nos dejamos llevar por el peso de la pesa, con una diferencia notable en fuerza activa y velocidad, con respecto a la subida. En un nivel avanzado y con muy buen control podremos también acelerar la bajada.

SWING AMERICANO

Describimos esquemáticamente la ejecución de este ejercicio muy común en el mundo del CrossFit: sacando la fuerza del péndulo como describimos en el swing clásico, proseguimos elevando los brazos por encima de nuestra cabeza (tratamos de no alejar demasiado los brazos del cuerpo en la elevación; sin embargo, hay diversas versiones en este ejercicio en lo que respecta a la elevación, como por ejemplo jalando con los brazos hacia arriba). Cuando el kettlebell queda finalmente por encima de la cabeza, debemos intentar que la cabeza no se desplace hacia adelante, lo que estaría indicando una posible compensación por falta de movilidad en los hombros.

SWING / PLANCHA

Este es, sin dudas, uno de los protocolos más sencillos, inteligentes y eficientes que he encontrado (sugerido por Ariel Couceiro, e inspirado en Pavel). Sirve como ejercicio de activación general y se puede usar como herramienta de entrenamiento efectiva.

Realizaremos 15 segundos de swing, seguidos de 15 segundos de plancha. Podremos llevar esta serie de trabajo desde los 5 hasta los 15 minutos, dependiendo si queremos entrar en calor, activar o convertirlo en un ejercicio en sí mismo.

La idea básica es trabajar la activación de la cadena posterior con el swing (glúteos, isquiosurales, lumbares y músculos de la espalda), mezclado con activación de la cadena anterior con la plancha (abdominales, transverso, etcétera). Este es un sencillo y eficiente ejercicio, con resultados increíbles. La plancha a usar en este caso sera la "RKC plank". En la misma, posicionamos los codos un poco más adelante al tiempo que contraemos fuertemente los glúteos y hacemos la fuerza de un crunch como si quisiéramos flexionar el tronco pero sin que se presenten movimientos.

Encuentro este protocolo uno de los más útiles y efectivos a la hora de adentrarse en un trabajo intermitente. Para realizarlo, elegiremos el swing como ejercicio básico, pero si conoce el snatch, lo recomiendo por ser un ejercicio más global, que recluta todas las partes del cuerpo para su ejecución y que además, le permite acelerar más fácilmente la bajada (a diferencia del swing).

Es muy importante no llegar al fallo en la ejecución de la técnica. Nunca trabajar a menos del 60 por ciento de nuestra frecuencia cardíaca, porque sería una mera entrada en calor y no recibiríamos el estímulo buscado.

Programa básico:

10 minutos de trabajo total.

1. 15 segundos de trabajo a mediana intensidad y velocidad (Swing vago o Swing básico), seguidos de 15 segundos de descanso.
2. Realizarlo con un peso liviano (si mi peso de trabajo regular es 16 kilos, bajaré un peso nominal, entonces usaré un kettlebell de 12 kilos).

Programa intermedio:

15 a 20 minutos de trabajo total.

1. 15 segundos de trabajo a mediana intensidad y velocidad (Swing básico), seguidos de 15 segundos de descanso.
2. Realizarlo con un peso por debajo del habitual (si mi peso de trabajo regular es de 16 kilos, bajaré 1 nivel de peso, entonces usaré un kettlebell de 12 kilos).

Programa avanzado:

20 a 40 minutos de trabajo total.

1. 15 segundos de trabajo de alta intensidad y velocidad (Swing básico o Swing americano si eres crossfitter), seguidos de 15 segundos de descanso.
2. Realizarlo con un peso por debajo del habitual (si mi peso de trabajo regular es de 16 kilos, bajaré un nivel de peso, entonces usaré un kettlebell de 12 kilos).

SWING A UNA MANO

El swing a una mano es la técnica base que nos permitirá entrar al clean y al snatch. Todo clean o snatch eficiente, es ejecutado a través de un buen swing a una mano. Luego de haber comprobado que con swing a dos manos hemos podido levantar una carga considerable (recomiendo al menos la mitad del peso corporal), comenzaremos a trabajar el swing a una mano que comparte los mismos conceptos que el swing clásico, pero le agrega más trabajo de núcleo y resistencia a la rotación. Esto se debe a que ahora, debemos aguantar la pesa con un solo lado, lo que generará más esfuerzo no solo al núcleo (para que el peso no nos tuerza sobre nosotros mismos), sino también un esfuerzo extra a nuestra escápula (para sostener y resistir el jalón que presentará la pesa).

El grip también se complicará, debido a que todo el peso estará repartido exclusivamente sobre una mano.

Agarrando el mango del kettlebell por su zona media, usaremos la misma técnica que en el swing, pero con las siguientes salvedades:

• El brazo libre, tendrá un rol fundamental al balancearse hacia atrás cuando bajamos y hacia arriba cuando subimos, acercándose lo más posible (sin tocar) al brazo que sostiene la pesa.

• El cuerpo se rota muy levemente en la bajada, pero sin pronunciar demasiado la rotación.

• La escápula se mantiene retraída y tratamos de no ALEJAR demasiado el kettlebell del cuerpo.

HAND TO HAND (mano a mano)

Esta es una clásica práctica, con la cual vamos a ganar muchas habilidades si la ejecutamos correctamente.

Primero, aprenderemos a pasar la pesa de mano a mano: esto es realizar un swing a una mano con el desafío coordinativo que implica. En una repetición estaremos resistiendo el peso de la pesa y evitando que esta nos extienda y nos tuerza; al estar la pesa en una sola mano, este elemento de resistencia aumentará notablemente. En el pasaje, aparece el segundo elemento que nos da esta práctica, que es aprender a abrir la mano para soltar la pesa y a atraparla rápidamente con la otra mano. Este es el principio básico del clean y el que más dificultad genera a la hora de aprender tanto el clean como el snatch: APRENDER A SOLTAR LA PESA.

Esta habilidad será muy útil el día que queramos introducirnos en la práctica del kettlebell malabar (juggling).

Así, además de tener un trabajo simétrico y coordinado, estaremos entrenando todo el tiempo la versatilidad en nuestro grip.

SWING VAGO PARA CLEAN

Si bien el swing es el motor generador e impulsor de la pesa hacia el clean, no nos servirá en la versión que acabamos de estudiar, porque la pesa se alejará demasiado del cuerpo. Por eso, debemos elegir otro tipo de swing que se adecúe mejor a los requerimientos del clean. Debemos usar un swing que mantenga la pesa lo más cerca del cuerpo para que cuando realicemos la montada, no nos golpee.

El swing vago, consiste básicamente en todos los elementos del swing a una mano pero procuraremos mantener el codo pegado al cuerpo todo el tiempo. De esta manera, nos aseguraremos de que la pesa se mantenga lo más próxima al cuerpo y también nos asegurará que la elevación se produzca exclusivamente desde la extensión de la cadera.

CLEAN

El Back Swing o balanceo posterior, es la fase del Clean donde la pesa pasa por detrás de nuestras piernas y luego vuelve, cayendo hacia adelante y luego hacia arriba, en un movimiento circular.

Cuanto más amplia es esta acción hacia atrás, gracias a la flexión de nuestras caderas (o rodillas o ambas combinadas, según el nivel de flexibilidad de nuestros isquiosurales), mejor podemos aprovechar el retorno del envión de la pesa y reducir así, la fuerza con la que la dirigimos hacia arriba. Es decir, la pesa viene bajando desde atrás y arriba y es más fácil subirla, porque aprovechamos la inercia de su caída; por eso es importante generar el plegado del cuerpo a nivel de la cadera, con la espalda derecha, lo que redundará en más amplitud del movimiento de la pesa hacia atrás. Durante esta fase, el antebrazo se podría encontrar pronado (con el pulgar hacia adentro), supinado (con el pulgar hacia arriba) o neutro (pulgar en el medio de las dos anteriores), sosteniendo la pesa en todos los casos, principalmente con el pulgar sobre el índice (agarre en forma de OK). El brazo libre acompaña la acción, moviéndose con todo el miembro extendido hacia atrás. La vista acompaña la pesa para mantener la cabeza alineada con la columna. La pesa baja y, sobre todo, sube en relación a la línea central del cuerpo. Así, pasa perfectamente entre el medio de nuestras piernas y queda siempre alineada con la línea media del cuerpo.

La elevación se produce principalmente con lo que llamamos triple extensión: la extensión simultánea de los tobillos, las rodillas y principalmente las caderas. La pesa se eleva con la fuerza de esta extensión, NUNCA con la flexión del codo mediante la contracción del bíceps.

El codo se encuentra cercano a la pelvis en la bajada y en la subida (antebrazo cerca del pubis). Así, con la extensión de las caderas podremos "catapultar" el brazo y la pesa con el empuje.

Luego del movimiento de caída hacia adelante y arriba del back swing y, aprovechando la vuelta de la pesa sumado a la triple extensión, intentaremos elevar la pesa como si estuviéramos frente a una pared, sin posibilidad de elevarla lejos de nuestro cuerpo, sólo en una línea recta ascendente. La forma de este movimiento podría describirse como una letra J, siendo la base curva de la letra, el back swing hacia atrás y la línea recta, el camino de elevación que sigue la pesa.

A la altura de nuestro ombligo y con la pesa dirigiéndose en una línea recta hacia arriba, estaremos preparados para realizar el segundo tiempo de la elevación.

Recordemos siempre usar como swing de base al swing vago para realizar el clean y no el swing convencional, donde el kettlebell se encuentra muy alejado del cuerpo.

• Revisar todos los puntos importantes del Swing en su fase posterior.

• Dejar que la pesa vaya bien hacia atrás, para luego aprovechar el retorno.

• Tomar la pesa con los dedos, poniendo el pulgar sobre el índice o con el agarre en gancho.

• Mantener la cabeza alineada con la columna, que está derecha. El brazo libre se mantiene activo mientras se dirige hacia atrás.

• Elevar la pesa por triple extensión (principal de la cadera), nunca con una activa flexión del codo.

• Mantener la elevación y la bajada sobre nuestro centro.

• Recordar la forma de la letra J para el balanceo hacia atrás y para la elevación.

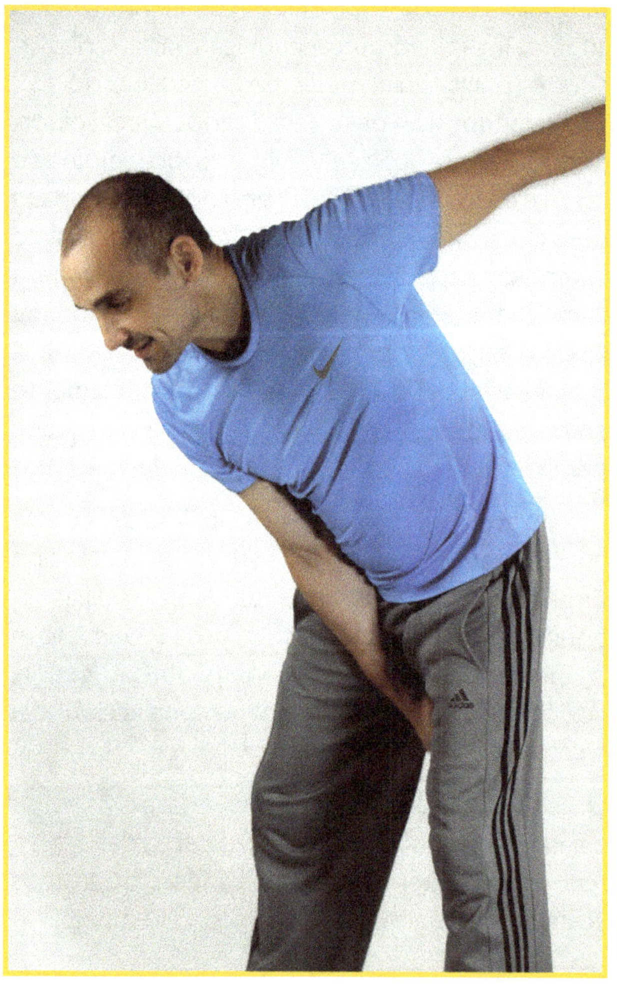

ZONAS DE CLEAN

Es muy importante tener en claro las zonas de apoyo previas y finales del clean. Cuando empezamos, la zona de agarre es con los dedos o parte de la palma y los dedos y cuando terminamos, la pesa estará apoyada en la diagonal de la palma que mostramos en la foto y que también hemos descrito en el rack.

Aquí ya tenemos definidas las únicas dos zonas en donde el mango va a apoyar. En la foto, vemos en celeste las zonas con las que debemos sostener la pesa y en rojo, la zona prohibida; siempre trataremos de saltar de una zona celeste a otra celeste, sin tocar la zona roja. Esta última, es la parte de la palma que generalmente se lesiona; recordemos que los cambios los haremos siempre que la pesa este DESACELERADA, o sea cuando se encuentra yendo hacia arriba o la instancia previa a que caiga.

EJERCICIO ASISTIDO

Un excelente ejercicio para mejorar el clean y para acercarnos de manera progresiva a la cargada, es practicar la inserción y la retirada de la mano sobre el mango con la pesa en el suelo. Hasta que no logremos insertar la mano previamente soltando la pesa y luego retirar la mano previamente soltando la pesa, no pasaremos a una instancia mayor del clean.

Este ejercicio, también lo podremos practicar a la altura que sucede la cargada (aproximadamente la altura de nuestro ombligo), sosteniendo una pesa liviana con la otra mano o pidiéndole a alguien que sostenga la pesa por nosotros, mientras entrenamos cómo meter y sacar la mano sin rozar con el mango la zona que indicamos como prohibida.

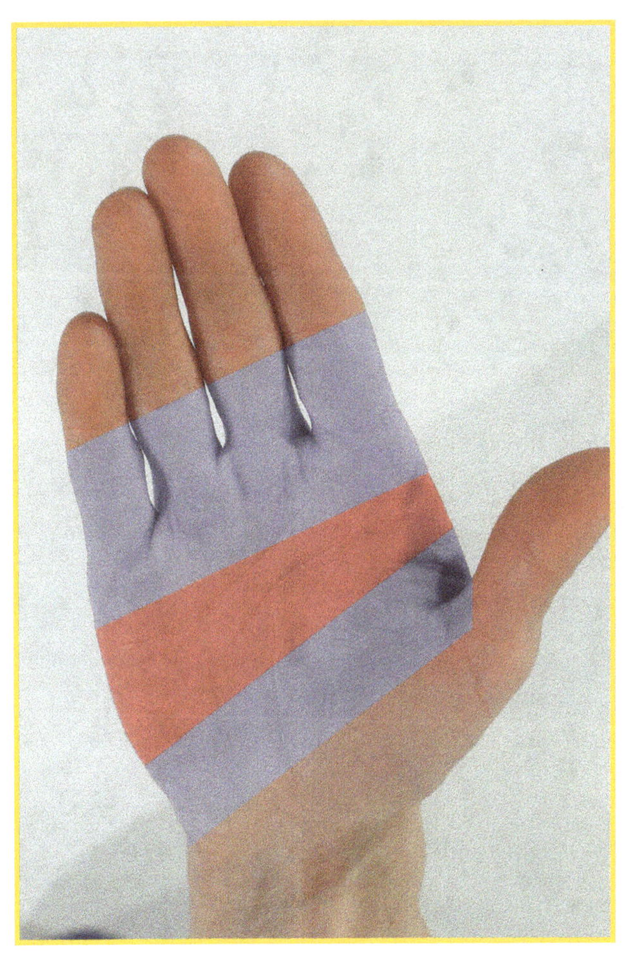

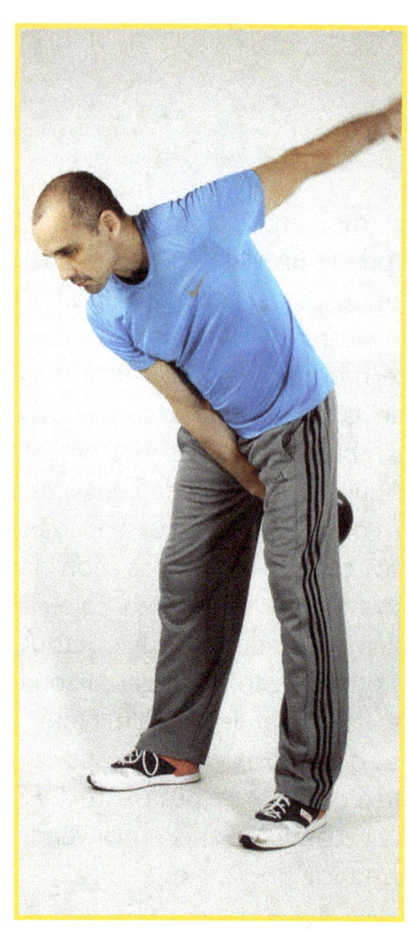

ELEVACION Y ENTRADA

Lo primero que notamos cuando hacemos una cargada, sobre todo si la realizamos desde un balanceo previo, es que la pesa tiende a generar un amplio arco hacia adelante. Si bien este arco es el que facilita la cargada, también hace que la pesa tienda a seguir el movimiento circular que la alejaría del cuerpo, produciendo un desbalance en el equilibrio. Para evitar que la pesa genere momento de aceleración circular y que posteriormente desarrolle una velocidad que haga que impacte sobre nuestro antebrazo, hay que poner especial énfasis en tratar de acortar lo más rápido posible la distancia entre la mano y el arco que genera el movimiento circular de la pesa. Para esto, inmediatamente después de que la pesa comience a elevarse, soltaremos un poco el grip sobre el mango y deslizaremos la mano por el hueco lo más rápido posible, como si estuviéramos lanzando un golpe por dentro de la pesa. Esto hará que la mano se anticipe al arco que describe la pesa y que la bocha ruede delicadamente sobre el dorso de nuestra mano. Es muy importante aflojar el agarre de la pesa bien temprano durante la elevación, aproximadamente a la altura de nuestro abdomen. La pesa seguirá el mismo camino de elevación que en los puntos anteriores, es decir que seguirá pasando por la línea central de nuestro cuerpo, pero trataremos sobre todo de que se eleve LO MAS CERCANA al cuerpo posible para evitar que adquiera más aceleración. Es importante tener en mente la forma de la letra J, esto nos enseña que esta fase tiene componentes de trayectoria tanto circulares como verticales, que tienen que ser combinados de manera fluida y sin asperezas. Mantener el codo lo más cercano posible a la pelvis, ayudará a que la pesa no se aleje y sea empujada con la extensión de nuestras caderas para elevarse. La pesa NUNCA debe elevarse con la fuerza de flexión de nuestro codo, simplemente nos METEREMOS por dentro del hueco de la pesa, que se elevará naturalmente debido a la extensión inicial y gracias a este impulso, llegará sola hasta la altura del pecho.

El concepto principal aquí, para que la pesa no nos golpee, es que NUNCA sobrepasa la altura de la mano durante toda la cargada; siempre está colgando por debajo de esta.

La entrada de la mano sobre el hueco del mango, es una de las acciones más difíciles e importantes en el levantamiento kettlebell. Recomiendo no subestimarla hasta entenderla, poder ejecutarla con facilidad y sin golpearse las muñecas o el antebrazo. Muchos practicantes se ven desalentados al no poder dominar con rapidez esta acción. Recomiendo insistentemente dedicar gran parte de nuestros entrenamientos al desarrollo de esta técnica, hasta sentir comodidad con todos los pesos usados en nuestros programas y que la simple cargada de la pesa no nos lastime ni nos haga usar fuerza de más, disminuyendo nuestra eficiencia en las cargadas. En este capítulo, incluyo seis ejercicios de dificultad progresiva para obtener esta habilidad.

Una vez realizada la entrada, procederemos a repetir todos los pasos que estudiamos en la postura de rack. Esto implica llegar en un SOLO movimiento a la posición de rack, con todos los requerimientos que exigía esta postura.

LA CAIDA

Entendemos como caída, a la fase en la que desmontamos la pesa de la posición de rack, para que nuevamente adquiera aceleración y se balancee entre nuestras piernas hacia atrás, para comenzar de nuevo con todo el ciclo mencionado.

Es muy importante tener en cuenta, que la desmontada tiene un grado de dificultad similar a la entrada de la mano por el mango de la pesa en la elevación. Por eso, recomiendo practicar estos momentos por separado, incluso con pesas muy livianas, hasta obtener la técnica adecuada.

ES MUY IMPORTANTE invertir tiempo en el proceso de desmontar la pesa pasando el mango desde la base de la palma HASTA LOS DEDOS, que se posicionan juntos en forma de gancho. Pasar por alto este importante detalle sólo va a dar como resultado que el mango de la pesa friccione sobre la zona media de la palma, produciendo ampollas, callos y cortes en la piel, que carecen de un fin práctico y que sólo perjudicarán nuestra práctica. Recomiendo entrenar el sostener pesas bien pesadas, sólo con los dedos en forma de gancho y realizar caminatas de granjero (farmer walk) hasta sentirse cómodos y seguros de poder sostener las kettlebells con los dedos.

Empezando desde el rack, nos inclinaremos hacia atrás para darle lugar a la pesa para que baje sin chocarnos. Si no nos alejamos, tendremos que desmontar la pesa alejándola del cuerpo y eso solo hará que se acelere y que nos lastime cuando queramos agarrarla. La desmontada del mango y posterior agarre con los dedos es inmediatamente después de haber sacado la pesa del rack, aproximadamente a la altura del hombro y no más abajo de nuestro pecho. Prácticamente soltamos la pesa, que se encontraba apoyada sobre la base de nuestra palma y sacaremos ligeramente la mano sin que el mango roce la palma hasta llegar a agarrarla con los dedos. De la misma manera que cuando subíamos soltábamos un poco la pesa para meter la mano dentro del mango, ahora soltaremos un poco la pesa para SACAR la mano y dirigir el mango hacia los dedos. Antes de que el kettlebell pase

el abdomen, YA DEBERIAMOS TENER AGARRADO EL MANGO DEL MISMO CON NUESTROS DEDOS.

Si no hacemos esto, corremos el riesgo de que la pesa adquiera mucha aceleración y la agarremos muy tarde, aumentando el "latigazo" sobre nuestras articulaciones y la fricción sobre la piel. Siempre nos apuraremos para efectuar el grip con los dedos y así, evitar el tirón y la aceleración de la pesa.

Para que la pesa no se aleje del cuerpo, mantendremos el codo PEGADO al cuerpo, posición que utilizaremos en toda la ejecución del Clean.

Una vez que la pesa caiga y recupere el movimiento circular del balanceo hacia atrás, podremos comenzar todo el proceso nuevamente de manera fluída y continua.

DETALLES FUNDAMENTALES DE LA BAJADA:

• *Siempre pasar la pesa desde la base de la palma, hacia los dedos.*

• *Bajar la pesa con el codo pegado al cuerpo.*

• *No alejar la pesa del cuerpo. La acción se realiza como si estuviéramos frente a una pared.*

• *Recordamos la forma de la letra J para la caída recta y la curva, para el balanceo posterior.*

• *Nos inclinaremos desde la extensión de la cadera hacia atrás, para dejarle lugar a la pesa para que caiga.*

BALANCEO HACIA ATRAS

- *Revisar el Swing en su fase posterior.*
- *Aprovechar el retorno de la pesa.*
- *Agarre con dedos en forma de gancho.*
- *Mantener la cabeza alineada con la columna, que está derecha, y el brazo libre activo yendo hacia atrás.*
- *Elevar la pesa por triple extensión, nunca flexionando el codo.*
- *Mantener la elevación y la bajada sobre nuestro centro.*
- *Recordar la forma de la letra J para el balanceo hacia atrás y para la elevación.*
- *Codo cerca de la pelvis.*

ELEVACION Y ENTRADA

- *Meter la mano rápidamente para producir el rodamiento del kettlebell sobre el dorso y evitar el arco completo.*
- *Tratar de acortar la distancia de contacto entre la mano y la bocha de la pesa, lo más rápido posible.*
- *La pesa debe realizar el camino más corto, describiendo un movimiento vertical de elevación en vez de un arco.*
- *Codo cercano a la pelvis.*
- *No elevar la pesa con el brazo, simplemente meterse debajo de ella.*
- *La pesa nunca supera la altura de la mano.*
- *Elevar la pesa por la línea central. Tratar de que no suba de costado.*

RACK

- *La pesa aterriza suavemente en el antebrazo sin golpearlo y sin causar raspones ni dolores.*
- *Al término de la elevación, la pesa llega directo al rack calzada en la diagonal de la palma.*
- *El mango de la pesa queda en diagonal contra la base de la palma de la mano.*
- *La mano se mantiene derecha y alineada con el antebrazo, la muñeca neutra.*
- *Antebrazo en diagonal hacia adentro, no hacia afuera.*
- *La pesa apoya sobre el antebrazo, el pectoral y el bíceps, dirigida hacia el centro del cuerpo.*
- *Tratar de apoyar el codo cerca de la cresta ilíaca o en el abdomen.*
- *Conectar el codo, el pecho y la pelvis, convirtiéndolo en una unidad.*
- *Mantener la pesa encima de nuestro centro de gravedad.*
- *Piernas extendidas.*

BAJADA

- *Siempre pasar la pesa desde la base de la palma, hacia los dedos.*
- *Bajar la pesa con el codo pegado al cuerpo.*
- *No alejar la pesa del cuerpo. Nos inclinaremos hacia atrás desde la extensión de la cadera.*
- *Recordamos la forma de la letra J para la caída recta y la curva para el balanceo posterior.*
- *Bajar la pesa por la línea central, no dejarla caer a los costados.*
- *Sacar la mano y tomar la pesa con los dedos a tiempo.*

POSICIONES DE LA MANO EN EL SWING

Podemos elegir tres posiciones básicas para sostener la pesa en el Swing, cada una tendrá sus ventajas y desventajas con respecto a la otra, lo que nos dejará un amplio abanico a la hora de elegir la función que queramos cumplir.

A) Pulgar hacia adelante: Esta es una de las maneras más estandarizadas. Aquí la pesa recorrerá el mínimo camino hasta el Clean o el Snatch, el movimiento será más directo. El estrés por sostener la pesa será localizado más en el antebrazo y probablemente el cansancio se presentará primero en esta zona.

B) Pulgar hacia la línea media del cuerpo: Esta se denomina como la zona neutra. Reunirá los beneficios y desventajas de las posibilidades A y B, pero de manera más repartida.

C) Pulgar hacia adentro y atrás: Esta es una de las maneras menos comunes, pero también se usa. Aquí la pesa hará el máximo recorrido porque tenemos que hacer un movimiento de rotación tanto en la subida como en la bajada. El estrés y el cansancio se localizará más en la zona lateral y posterior del hombro.

No hay una manera determinada u obligada de hacer esto. El agarre dependerá muchas veces del gusto del alumno o de la necesidad de no agotar un área del cuerpo o usar otra en la que se tiene más habilidad.

Podemos elegir tres posiciones básicas para sostener la pesa en el Swing, cada una tendrá sus ventajas y desventajas con respecto a la otra, lo que nos dejará un amplio abanico a la hora de elegir la función que queramos cumplir.

SUPINO:

- Más simple para iniciados (+)
- Menos recorrido (+)
- Facilita la posición de la escápula (+)
- Mucha fatiga en antebrazo (-)
- Menor contacto con pelvis (-)

PRONADO

- Más complejo (-)
- Mayor recorrido (-)
- Tiende a descolocar la escápula (-)
- Menos fatiga en antebrazo (+)
- Mayor contacto con pelvis (+)

NEUTRO

- Comparte beneficios y perjuicios de ambos.

EJERCICIOS ASISTIDOS Y VARIANTES PARA EL CLEAN

Podemos decir que el clean ES el ejercicio más difícil de todo el sistema kettlebell. A primera vista, su ejecución parece simple y cuando vemos a alguien que levanta la pesa con facilidad, solemos no contemplar el extenso tiempo que nos va a llevar dominar esta técnica. Recuerdo que el día que descubrí y entendí cómo realmente había que posicionar la mano para hacer un clean me llevó unas tres semanas de trabajo para lograr ejecutarlo correctamente.

Esta dificultad en abordar dicha técnica, se debe en parte al diseño propio del kettlebell; recordemos que es una bocha con una manija fija de hierro, en esta herramienta no tenemos un rodamiento (en Argentina lo llamamos "ruleman"), como en una barra olímpica. La acción que cumplía este rodamiento, la tendremos que realizar con nuestra propia mano. O sea que tendremos que reducir al máximo el rozamiento en nuestra mano con respecto al mango, convirtiéndonos en un "rodamiento humano".
Para cumplir con este objetivo, he ordenado una serie de ejercicios clásicos en progresión ascendente y otros creados o elegidos para tal fin, que buscarán corregir los problemas clásicos:

- Que la pesa se eleve por encima de nuestra mano en la elevación.
- Que la pesa aterrice acelerada, golpeando sobre nuestro antebrazo.
- Que la entrada de la mano sea tan lenta, que no termine en diagonal y profunda con respecto al mango.
- Que podamos soltar el mango en la fase de elevación, para deslizar la mano sin rozamiento.
- Que podamos soltar y volver a agarrar la pesa en la bajada, antes de que se acelere.
- Que podamos usar la mano libre para dirigir la pesa y aprender así la correcta trayectoria.

En el primer ejercicio, con la pesa en el suelo, trataremos de pasar de la base de la palma a los dedos de manera fluida; sin golpearnos con la pesa y con el menor rozamiento posible en la transición.

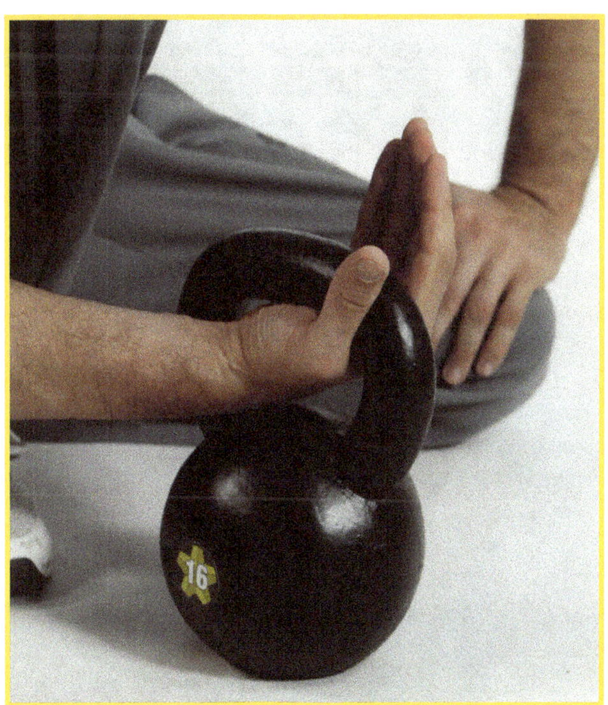

INSERCIÓN EN ALTURA

Es el mismo concepto y trabajo que usábamos en el suelo, pero con la pesa a la altura en donde va a suceder el clean, que es más o menos a la altura de nuestro plexo.

CAÍDA

Desde la posición de rack, primero inclinaremos el tronco hacia atrás para generar el ángulo necesario para sacar la mano; en el exacto momento que recibamos la pesa con la otra mano, será cuando ya tendremos la pesa agarrada con nuestros dedos.

INSERCIÓN

Nos acostumbraremos a sostener la pesa con la mano libre en los momentos más críticos de esta cargada. Un momento es cuando tenemos que insertar la mano en la elevación y el otro, cuando tenemos que sacar la mano en el descenso; en este caso luego del swing, acompañaremos la pesa con la mano libre para sostenerla y facilitar así el momento más difícil de la cargada: la inserción de la mano. Como regla, la pesa nunca supera completamente la altura de la mano. Si esto sucediera, la misma se aceleraría más que el movimiento de nuestra mano y por lo tanto, provocaría el impacto sobre nuestro antebrazo. Recordemos aprovechar el sostén de la mano libre, para abrir completamente la mano que sostiene el mango y así poder soltarlo e insertar la mano en el hueco de la pesa.

CLEAN "POSADAS"

Este maravilloso ejercicio le debe su nombre a una capacitación que di en la capital de la provincia de Misiones, donde desarrollé esta variante para enseñar este ejercicio. En el mismo, luego de haber generado un buen impulso con el swing, agarraremos y sostendremos la pesa con la mano libre para soltarla completamente y luego volverla a insertar, dejándola caer nuevamente al swing. Este ejercicio enseña a soltar la pesa, confiando en que el impulso del swing es suficiente para mantenerla en movimiento ascendente, dándonos tiempo para soltarla y volver a insertar la mano por el hueco de la pesa.

CLEAN MALABAR

Este último ejercicio, y el más elevado en dificultad, nos enseña a soltar la pesa confiando en que el impulso del swing elevó lo suficiente la pesa, generando momento suficiente para soltarla y volver a agarrarla. Primero, haremos un básico de preparación, para evitar accidentes, como la caída de la pesa sobre nuestros pies o sobre un piso delicado. Como siempre, usaremos la mano libre para ayudarnos sosteniendo la pesa en su fase de elevación, soltando por completo el agarre y dirigiéndola hacia el hombro para ser recibida por la mano que la sostenía en principio. Luego, gracias al impulso, podremos soltar la pesa al final del swing, para ver cómo esta se dirige directo a la posición de rack y ser recibida con la otra mano, sosteniéndola como si fuera una esfera.

SWING+SWING+CLEAN

Un clásico modelo de trabajo que nos demuestra que el clean con kettlebells es generado SIEMPRE con el impulso del swing es: previamente al clean, balancear la pesa hasta que alcance al menos, la altura de nuestros hombros. Recordemos que el swing es el motor que va a generar la elevación que necesitamos en el clean. Si en los swings previos al clean, la pesa ni siquiera llega a la altura del plexo, es indicativo de alguno (o una combinación) de estos errores:

• El impulso del swing no es el suficiente para que la pesa se eleve.
• El swing es muy lento.
• El swing fue descoordinado.
• La pesa es demasiado pesada para lo que puede mover el swing.
• Falta de back swing (swing posterior), que va a provocar que la pesa no vuelva con suficiente impulso para ganar elevación.
• Descoordinación entre acciones.

El siguiente ejercicio además de ser un excelente combinado de 6 minutos totales, nos enseña que el clean, SIEMPRE es consecuencia del swing. Si el swing no está presente, la pesa no se va a elevar ni a mantener en movimiento hacia arriba; por lo tanto, no contaremos con suficiente tiempo para soltarla y volver a insertar la mano. Por eso, lo primero que hay que corroborar ante un clean deficiente, es si el swing esta siendo ejecutado de forma eficiente.

Como veremos más adelante, el swing nos puede servir para mejorar el clean. Por lo tanto, podremos aprovecharnos de esto y practicar swing con mucho más peso que el que utilizamos en el clean, para mejorar el movimiento en sí.

1° Minuto	Swing, swing, clean con mano derecha.
2° Minuto	Swing, swing, clean con mano izquierda.
3° Minuto	Swing, clean con mano derecha.
4° Minuto	Swing, clean con mano izquierda.
5° Minuto	Clean con mano derecha.
6° Minuto	Clean con mano izquierda.

EL ELEVADOR

Este es un gran ejercicio auxiliar, para aprender la inserción de la mano. Debemos usar una pesa liviana que nos permita mantener sin esfuerzo la posición en cada escalón que vamos logrando. Comenzaremos haciendo clean en rack y en la cargada siguiente, subir un poco más. En cada escalón subiremos aproximadamente 10 a 15 centímetros. Prácticamente en 5 o 6 escalones llegaremos con facilidad al snatch. Recordemos que la pesa NUNCA se eleva más que la mano. Una vez que dominemos este ejercicio, entenderemos que el snatch no es más que un clean alto.

SNATCH

Como hemos visto hasta ahora y siguiendo una progresión lógica, primero nos preocuparemos por reforzar varios elementos técnicos y estructurales antes de tratar de hacer el Snatch. Elementos generales de estructura corporal y segmentos: Refuerzo del Núcleo. Dominadas o gestos de remo. Refuerzo de glúteos, isquiosurales y sostén lumbar. Fijación de la cintura escapular en el Overhead.

Ejercicios previos obligatorios antes de intentar hacer el Snatch en ESTA EXACTA PROGRESION ASCENDENTE:

• *Peso muerto: Puede ser con barra o kettlebells. Si es con kettlebells, recomiendo la versión a una pierna. Si vas a cargar menos de 60 kilos, es viable hacerlo con kettlebells, si es más pesado, tendrá que ser con barra.*

• *"Buenos días" o podemos usar el "swing de la cabra", que será más específico.*

• *Swings dobles: (por lo menos con 30 kilos, después de una correcta progresión), Swing a una mano y swing vago a dos manos.*

• *Clean: Si su ejecución no es perfecta, sin golpearse y con una subida suave, perderemos tiempo tratando de aprender el Snatch.*

• *Ejercicio del elevador: Pesa muy liviana, hacer hasta 5 inserciones desde el Clean hasta el Snatch, aprovechando siempre el back swing para ganar el posterior impulso ascendente.*

• *Swings vagos altos: por lo menos con unos 4 kilos más, que el peso que se quiere levantar.*

La técnica del Snatch se divide en varias fases muy similares al clean, que ya hemos estudiado por separado en los apartados anteriores.

1) Back swing.
2) Momento de la ráfaga de impulso por delante.
3) Elevación de la pesa e inserción.
4) Posición Overhead y fijación.
5) Caída y vuelta al Swing.

En el conjunto, debemos prestar especial atención al momento propio del Swing en que se presenta la ráfaga, recordemos que esa ráfaga y la ayuda de la extensión de nuestras caderas (usando principalmente los glúteos), es lo que hará que la pesa se eleve por encima de nuestra cabeza. Ante cualquier problema o dificultad, siempre volveremos a desarmar el Snatch y nos dedicaremos a la corrección específica de cada fase.

Recordemos también, que podemos reforzar cada fase con diferentes cargas. De manera arbitraria y usando porcentajes genéricos.

Como ejemplo podemos decir que la forma del "peso muerto" soporta más de 120 kilos, la del swing acepta valores de hasta el propio peso corporal; el swing a una mano, por la forma de la pesa, tolera entre 32 y 48 kilos. Lo mismo sucede con la fase de la ráfaga y la de elevación hasta el clean, que soportan unos 32 kilos o más, por mano. Así, podemos descomponer cada fase y agregarle una carga mayor, para entrenar de manera diferenciada, con más estímulo que si nos limitáramos al peso con el que podemos ejecutar nuestro snatch. Este último, siempre va a ser el más liviano de esta pirámide, pero también nos va a permitir ejecutar el movimiento a altísimas velocidades.

ASISTIDO PARA EL SNATCH

De la misma manera que nos ayudábamos con la mano libre en el clean, para aprender a reforzar y trazar la trayectoria correcta de la pesa, podemos hacer lo mismo con el snatch. Usando la mano libre, nos ayudaremos en los momentos más difíciles en este levantamiento, es decir, cuando debamos soltar la pesa y confiar en que el swing haya hecho bien su trabajo.

Los dos momentos más complicados serán:

• La inserción cuando la pesa está subiendo.

• La sacada de la mano cuando la pesa está en su fase de caída.

Recomiendo siempre usar la mano libre para guiar, es el recurso más barato y efectivo.

ENTRENAMIENTOS: PROTOCOLO CLASICO DE 6 MINUTOS DE SWING Y SNATCH

De la misma manera que en el clean, para hacer el snatch, necesitamos un buen swing. Incluso más aún, ya que necesitamos más impulso para llegar más alto.

En este sencillo protocolo, realizaremos un minuto de trabajo, intercalando dos Swing con un Snatch. En el segundo minuto repetiremos lo mismo, pero con el otro brazo. En el tercer y cuarto minuto realizaremos un Swing y un Snatch. Y en el quinto y sexto minuto, sólo realizaremos Snatch. Siempre es un minuto de trabajo por mano, para luego pasar a la otra mano. La estructura nos quedará de la siguiente manera.

MINUTOS:

1) Swing/Swing/Snatch (mano derecha).

2) Swing/Swing/Snatch (mano izquierda).

3) Swing/Snatch (mano derecha).

4) Swing/Snatch (mano izquierda).

5) Snatch (mano derecha).

6) Snatch (mano izquierda).

MINUTOS:

1- Snatch/Swing/Swing/ (mano derecha).

2- Snatch/Swing/Swing/ (mano izquierda).

3- Snatch/Swing (mano derecha).

4- Snatch/Swing (mano izquierda).

5- Swing (mano derecha).

6- Swing (mano izquierda).

Si queremos hacer más específico el trabajo, para obtener resistencia específica en los antebrazos y grip, podemos hacer:

MINUTOS:

1- Swing/Swing/Snatch (mano derecha).

2- Swing/Snatch (mano derecha).

3- Snatch (mano derecha).

4- Swing/Swing/Snatch (mano izquierda).

5- Swing/Snatch (mano izquierda).

6- Snatch (mano izquierda).

Es mucho más cansador el específico del brazo; este ejercicio se usa sólo para el objetivo de mejorar la resistencia en el kettlebell deportivo, en donde se permite un solo cambio de mano en toda la competencia.

También, si queremos hacer el ejercicio más específico para mejorar la calidad técnica del snatch, siempre haremos primero el snatch y luego el swing.

Esta secuencia se concentrará más en el snatch al principio, cuando nos encontramos "frescos". De esta manera, nos enfocamos en mejorar la calidad técnica de este movimiento, para dejar que en los últimos minutos, el swing tome más protagonismo y que nos sirva para reforzar el grip y la resistencia de la cadera.

Este tipo de protocolo es muy clásico en gimnasios rusos de kettlebell deportivo y no hay profesor que no enseñe alguna variante de él. El objetivo principal de mezclar y disponer estos ejercicios es:

• Aprender que el snatch procede y depende estrictamente de la potencia que tenga el swing.

• Mejorar la resistencia del antebrazo y grip, que son los primeros elementos en colapsar en una rutina larga o en la práctica del snatch con alto volumen de repeticiones o carga.

• Seguir mejorando indirectamente el snatch en un escenario de fatiga manteniendo la práctica y repetición del swing.

• Poder hacer snatch manteniendo la calidad técnica, en un escenario de fatiga acumulada.

ESTOCADA SNATCH

Una variante del snatch, es combinarlo con un movimiento activo y exigido del tren inferior. En este caso lo combinaremos activamente con la posición de estocada. Es un ejercicio sumamente intenso que tiene una muy buena transferencia a gestos deportivos como por ejemplo la lucha, en donde deberemos usar principalmente el tren inferior para cambiar de ángulo al tiempo que con los miembros superiores, realizamos movimientos de empuje o de tracción.

Para ejecutarlo, simplemente comenzamos con un swing para ganar impulso y desde allí, bajar a la estocada, al tiempo que lo combinamos con un snatch; cuando nosotros bajamos, la pesa estará subiendo. De esta manera coordinada, también estaremos facilitando la ejecución del snatch, ya que reduciremos el recorrido al ir hacia abajo, pero el mover activamente todo el cuerpo, hará que aumente el gasto y la energía utilizada para cada movimiento. Así, en pocas pero intensas repeticiones, buscaremos generar una fatiga más sistémica que local.

Intermedio

Entrenamiento:

- 10 repeticiones intercaladas y descanso el tiempo relativo al trabajo.
- 8 repeticiones y descanso relativo.
- 6 repeticiones y descanso relativo.
- 4 repeticiones.
- 2 repeticiones.
- Unas 3 series.

CHAIN

- Swing.
- Clean.
- Press.
- Estocada snatch.

- 1 repetición de cada ejercicio encadenado con el siguiente.
- 40 segundos de trabajo.
- 20 segundos de descanso.
- Entre 5 a 8 minutos de trabajo.

Protocolo VIKINGO

Este sencillo protocolo está basado en el trabajo de Kennet Jay, responsable de la obra *"Viking Warrior Conditioning"*. Un libro de kettlebell en el estilo hard style, que tiene la peculiaridad de ser una de las pocas obras en las que el libro es en sí, un estudio con orientación científica acerca de cómo el snatch afecta la anatomía y la fisiología. En el libro se ven muchos protocolos, pero el que más destaca por su sencillez, es el que vamos a ver ahora, al que hemos denominado como protocolo vikingo o 15/15.

En este sencillo protocolo, realizaremos 15 segundos de trabajo de snatch continuos, seguidos de 15 segundos de descanso para inmediatamente retomar el snatch. Este protocolo se puede llevar desde los 3 a los 40 minutos dependiendo de lo que estemos buscando y de cómo presentemos la progresión. Estos son algunos ejemplos de los protocolos de Jay, y en su libro encontrarán algunos test para establecer repeticiones e intensidades.

36|36

- 36 segundos de snatch continuo por mano.
- 36 segundos de descanso.
- Cambio de mano y 36 segundos de snatch.
- Podemos acelerar la bajada de la pesa.
- Lo podemos extender desde los 4 minutos hasta los 40 minutos completos.
- Podemos ajustar el tiempo a 30 segundos o quizás a 40 segundos de trabajo pero con 20 de descanso.

15|15

- 15 segundos de snatch continuo a máxima velocidad, por mano.
- 15 segundos de descanso.
- Cambio de mano y 15 segundos de snatch.
- Podemos acelerar la bajada de la pesa.
- Lo podemos extender desde los 4 minutos hasta los 40 minutos completos.

CONCEPTOS DEL KETTLEBELL

Casi todo el sistema kettlebell esta bajo la influencia de dos grandes técnicas: Jerk y Snatch. Estos dos ejercicios son los principales en las competencias de kettlebells originadas en Rusia y están inspirados en los ejercicios propios de levantamiento olímpico. Ambos son alimentados por otros dos movimientos realizados con las piernas, que son grandes movilizadores de cargas: la sentadilla y el peso muerto.

El Jerk se realiza con un empuje de los miembros inferiores. En este caso la sentadilla es la responsable de propulsar las pesas hacia arriba, la carga está posicionada axialmente (alineada con el eje del cuerpo). El Jerk se descompone en otros ejercicios de menor complejidad técnica, como el push press, press, sentadillas, sot press, thruster, etcétera. Todos estos ejercicios se realizan con carga axial y, por lo general, en el plano sagital.

El Snatch se realiza a partir del jalón en plano sagital. En este caso, el gesto de flexión/extensión de la cadera del peso muerto, es el responsable de generar la fuerza que propulsa la pesa. La carga se posiciona anterior a nuestro cuerpo (y posterior en el swing), es decir que el peso está principalmente por delante o por detrás del cuerpo, a diferencia del Jerk, en el cual el peso se encuentra por encima nuestro durante toda su ejecución.

El Snatch se descompone en otros ejercicios de menor complejidad técnica, como el swing y el clean. En todos estos movimientos, la carga se encuentra situada antero posterior, en el momento en que debemos producir la ráfaga explosiva que la moviliza.

Así, en los dos ejercicios fundamentales encontramos los movimientos más abarcativos del cuerpo. En el Jerk, tenemos el empuje de los brazos y la generación de fuerza dominante de rodilla. En el Snatch, encontramos el jalón con los brazos más la generación de fuerza con la extensión de cadera. De esta manera, las diferentes combinaciones posibles de los patrones de movimiento, se encuentran representados en estos movimientos.

En la descomposición de estos dos ejercicios, podemos reconocer a prácticamente todos los demás ejercicios que contiene el sistema: jerk, push press, press, sentadilla, thruster, swing, clean, snatch, clean y jerk, etcétera.

El tercer ejercicio clásico del Kettlebell Deportivo, es el Clean con el Jerk (Long Cycle), que combina las acciones del Jerk (empuje y extensión de rodillas) con las del Swing y Clean (jalón y extensión de cadera). De esta manera, el "Clean y Jerk" reúne casi todos los patrones de movimiento, en uno solo ejercicio.

En base a todo esto, podemos entender que el objetivo final es dominar estos dos levantamientos (Jerk y Snatch) para cubrir todas las variables del sistema en un formato explosivo. Pero para llegar a buen puerto, necesitaremos usar en primera instancia y como requisito, el dominio de las técnicas básicas de sentadilla y peso muerto, ya que estas funcionan como el motor generador de fuerza e impulso, de gran parte de los levantamientos del entrenamiento kettlebell.

Como regla principal, buscaremos qué requisitos de MOVILIDAD y ESTABILIDAD necesitamos en cada una de estas posturas e intentaremos respetarlos. Hasta no cumplir con estos requisitos, evitaremos agregar cargas. Recordemos lo disparatado que es ponerle CARGA a una DISFUNCION.

JERK

- AXIAL.

- SENTADILLA.

- (DOMINANTE DE RODILLA).

- EMPUJE.

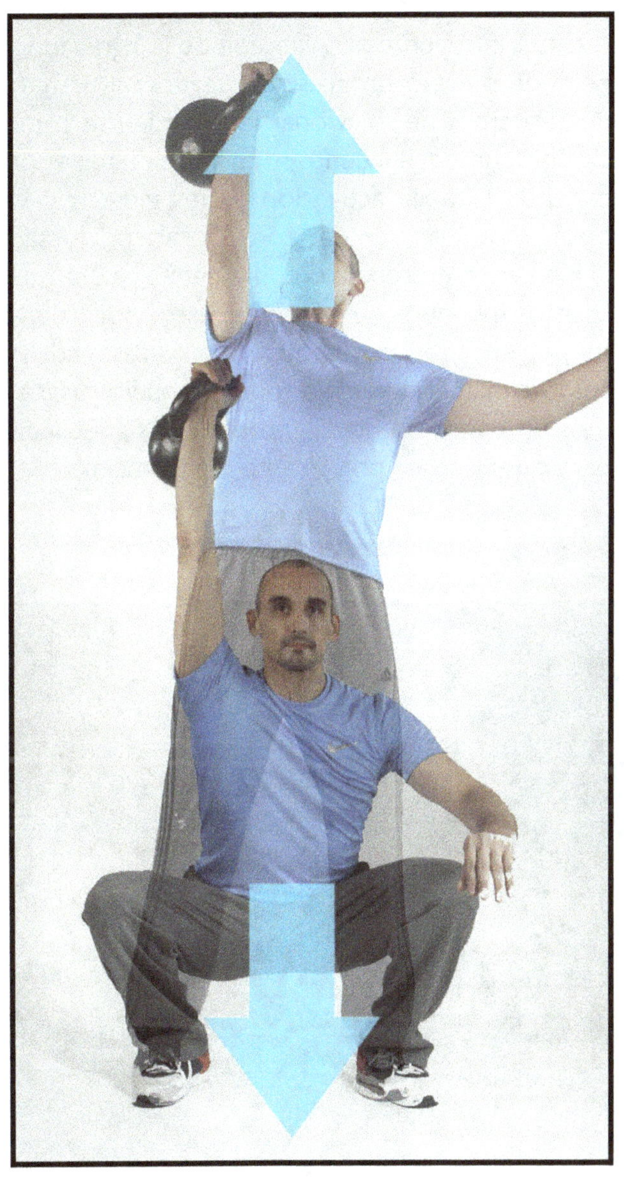

SNATCH

- ANTEROPOSTERIOR.

- PESO MUERTO.

- (DOMINANTE DE CADERA).

- JALON.

INCLUYE:
Jerk, Push Press, Press,
Squat, Sot Press.

INCLUYE:
Swing, Peso muerto,
Clean, Snatch

10. DOMINANTES DE RODILLA

De la misma manera que el swing es el motor impulsor del snatch y del clean, por su dominancia de cadera, la sentadilla es la principal responsable del empuje axial en el push press y el jerk, por su dominancia de rodilla.

En este capítulo, englobamos los ejercicios que contienen una principal dominancia de rodilla. Esta fuerza será luego transmitida a través del tronco y podrá ser combinada y expresada con el empuje de los miembros superiores.

Cuando queremos adentrarnos y mejorar ejercicios como el push press o Jerk, primero debemos chequear la fuerza principal de extensión en nuestros miembros inferiores. Por eso, siempre recurrimos a las sentadillas clásicas o a las variantes que incluyen estas. La idea es ir agregando peso de manera progresiva y segura, al tiempo que tratamos de solucionar los dos déficits principales que se encuentran en las sentadilla sin carga: la falta de activación de los glúteos y la poca movilidad en la zona torácico dorsal. Si bien en el entrenamiento kettlebell podremos usar los tres tipos de sentadilla (carga por delante, por encima y por detrás) con las respectivas colocaciones del cuerpo, por lo general usaremos un tipo de sentadilla frontal, más adecuada para cargar pesos por delante o por encima.

SQUAT

La sentadilla es quizás una de las figuras más importantes y a su vez una de las más incomprendidas en el mundo del entrenamiento. No voy a perder el tiempo argumentando acerca de si la sentadilla "nunca debe superar la altura de las rodillas" o si "las rodillas no deben superar la medida de las puntas de los pies en la fase profunda". Creo que ya hay demasiada información que destierra estas dos falaces teorías y que hay innumerables muestras de performance deportiva que comprueban lo ilógico e inaplicable de las mismas.

Siempre que el control motor y la estructura lo permitan, instigaremos al alumno a que trabaje la sentadilla en toda su profundidad. Recordemos que "media sentadilla es igual a medio deportista" y que ya ha sido demostrado que en la fase profunda, sólo encuentra el tope natural en la articulación de la rodilla, sin tener efectos negativos sobre esta articulación (en personas sanas).

Como vimos en el capítulo de preparación, dedicaremos mucho cuidado y atención a que la curva lumbar se mantenga presente con su concavidad posterior y que no aparezca el denominado "pellizco pélvico" o "pelvic tilt". Esta verdadera retroversión de pelvis, hará desaparecer la curva de la zona lumbar, quitándole hasta un 50% del soporte que realiza. Por eso, nuevamente recomiendo repasar y dominar los ejercicios de la introducción de este manual y el uso extensivo de todos los tests para entender cuáles son las medidas a usar en cada caso.

El dominio de la sentadilla nos dará la oportunidad de tener la fuerza de empuje necesaria para poder acceder tanto al jerk como a todos los dominantes de rodilla del sistema: push press, bump, etcétera.

PROPUESTAS PARA MEDIR *LA* SENTADILLA

Un gran tema de discusión y polémica en el mundo del entrenamiento (como todos los temas en los que nadie se pone de acuerdo: como fuerza, nutrición, religión, política, etcétera) es con qué ancho y en qué posición van los pies en la sentadilla. Se tratan de dar medidas deterministas que rozan el pensamiento dogmático, intentando estandarizar cual es la separación y la posición de los pies, lo que según mi perspectiva, es un grave error. Cada persona posee configuraciones diferentes y tanto la dirección en la que apunta la cavidad que recibe el hueso de la cadera, como la misma forma o ángulo del cuello o largo del fémur, modifican sustancialmente la posición de neutralidad de la cadera.

Personalmente me gustan dos sencillos test para evaluar cuál es la posición más adecuada para cada persona:

1) *Tres saltos de Dan John:* Dan recomienda ejecutar 3 saltos en el lugar y al finalizar simplemente fijarse con qué separación y apertura quedaron nuestros pies; esta es la separación que él recomienda para ejercitar el squat. En este sencillo test, evaluamos la función del salto y por consiguiente del empuje de las piernas de manera sencilla rápida y natural.

2) *Rock back de Stuart Mcgill:* en este maravilloso test, evaluamos que tan separado o rotados se posicionan los pies acorde a la posición de las caderas y fundamentalmente, determinar si la disfunción en una sentadilla se basa en algún parámetro de falta de movilidad o si hay un problema de control motor (coordinación entre parámetros de movilidad y estabilidad). Al hacerlo en descarga, estamos sacando la estabilidad de la ecuación y solo analizando si hay una restricción de los tejidos. Buscaremos ir lo más hacia atrás posible sin que se produzca un guiño o retroversión pélvica. Con el ancho o la rotación

que podamos hacer este movimiento sin que se produzcan compensaciones, será con el ancho que haremos nuestra sentadilla.

SUMO DEADLIFT CONTRA LA PARED

Este es un muy buen ejercicio para preparar la zona inferior. Aprenderemos a usar los miembros inferiores para levantar el kettlebell y a respetar las alineaciones más básicas de nuestras articulaciones. Además, es un poderoso ejercicio para el tren inferior en su totalidad.

Con las piernas separadas y tomando la pesa colgando con ambas manos, vamos a bajar, realizando el movimiento exclusivamente con la flexión y la extensión de los miembros inferiores. Procuraremos mantener la espalda derecha, la mirada al frente y las rodillas alineadas con las puntas de los pies. Bajaremos hasta que la pesa se apoye en el suelo y volveremos a subir.

Un nivel más demandante sería realizar el mismo ejercicio, pero con las puntas de los pies cercanos o pegados a una pared. Esta posición nos obligará a bajar exclusivamente con los miembros inferiores y a no inclinar ni un poco el torso hacia adelante, eliminando las compensaciones negativas que puedan aparecer en el movimiento.

Recordar: mantener la espalda derecha y la zona lumbar con su concavidad posterior, nunca en convexidad posterior. La mirada al frente y el pecho hacia afuera. Los pies pueden estar ligeramente abiertos, pero no mucho, y las rodillas siempre alineadas con estos.

Este primer ejercicio estimulará dos de los principales déficits de la sentadilla:

1) La falta de activación de glúteos.

2) La necesidad de mantener extendido el torso para no chocar con la pared.

La imposibilidad de ir hacia adelante, no solo activará y requerirá la extensión de la zona torácico dorsal, sino que también mantendrá la concavidad posterior de la zona lumbar.

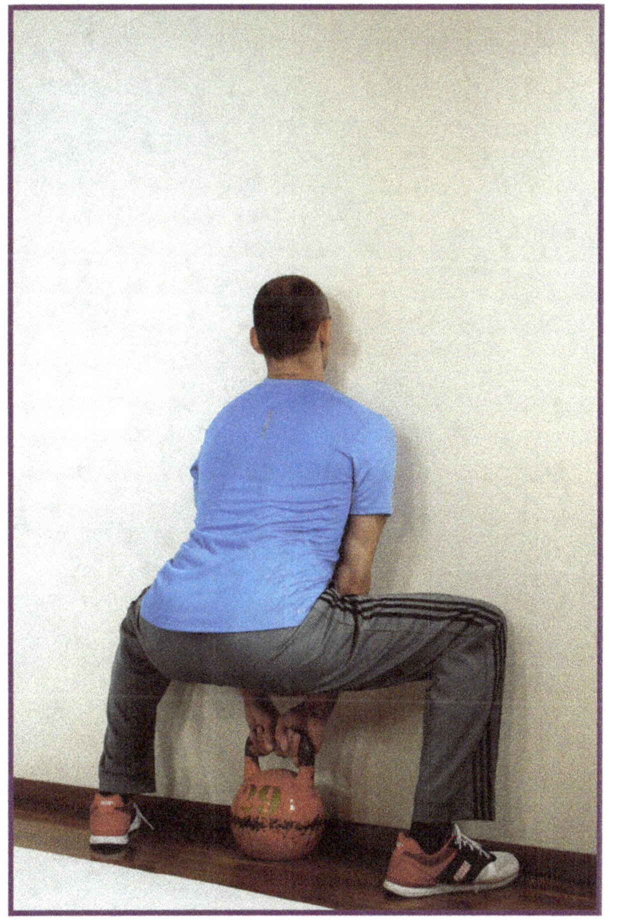

SENTADILLA GOBLET

Sentadilla de "cáliz" o "de la copa". Otro gran ejercicio de sentadillas popularizado por Dan John. En esta ocasión sostendremos el kettlebell por el mango, bien con la base hacia abajo o hacia arriba, con los dedos pulgares por dentro del mango. Esta sentadilla es bastante accesible ya que el peso está cerca del cuerpo; esto nos obliga a activar más los glúteos y nos permite plegarnos más sobre nuestros miembros inferiores.

Además, al tener el peso por delante nuestro, la sentadilla goblet nos obliga a mantener el torso lo más derecho posible, mejorando así esta movilidad, la cual será fundamental en la progresión.

TEST GOBLET

Un excelente test que también sirve de entrenamiento, es el introducido por Dan John en su libro sobre kettlebells.

En este caso sostendremos el kettlebell por su mango con la base hacia abajo. Iremos a una sentadilla profunda y mantendremos unos 30 segundos para luego elevarnos y mantenernos 30 segundos en la posición de parado pero con el mismo formato de agarre.

Así de simple como suena, es un test tremendamente fatigante para los miembros superiores que resisten la extensión propuesta por la carga, con una activación constante de los flexores.

Podemos trabajar entre 2 y 6 minutos (como máximo), siempre 30 segundos en la postura profunda y 30 segundos en la postura de parado.

Este es un ejercicio que no solo sirve como un test o un ejercicio de preparación para la zona media y la sentadilla, sino también como una sentadilla para practicar en cualquier momento o lugar. Ideal para alumnos nuevos que están buscando conseguir buenos valores de movilidad y estabilidad, como también para practicantes avanzados que necesitan un buen ejercicio de asistencia o activación.

SENTADILLA BULGARA

Similar a una estocada pero con mayor extensión previa de cadera del miembro inferior atrasado, al tiempo que se mantiene el pie apoyado en altura. Al estar más alejados los puntos de apoyo, requiere más control de equilibrio y mayor esfuerzo de la musculatura actuante. La carga recaerá principalmente en el miembro adelantado, por eso es muy importante estabilizar los posibles movimientos laterales de la rodilla.

Podemos realizar sentadillas búlgaras sosteniendo dos pesas de ambos lados o solo de un lado; esto dependerá de nuestro interés en cargar más peso o en generar más estabilización lateral.

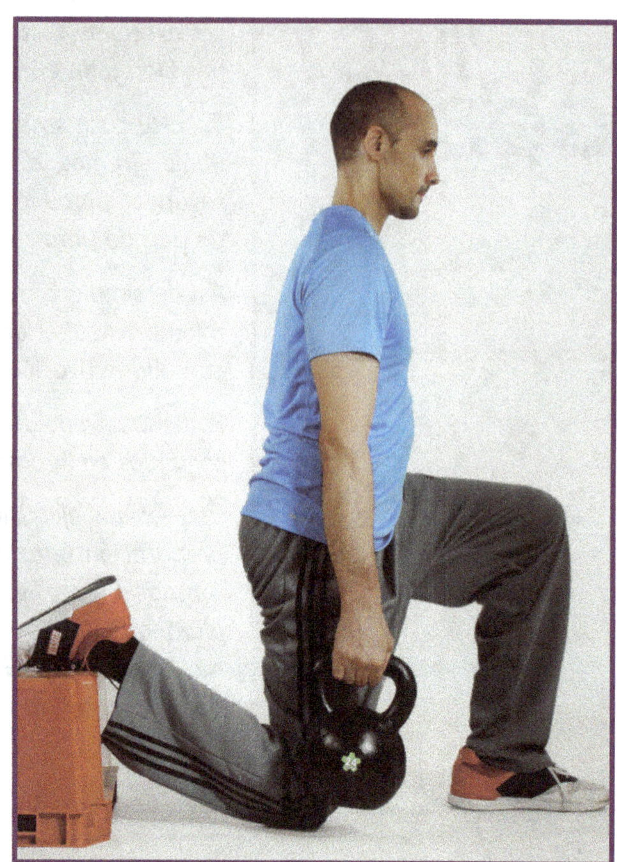

ESTOCADAS

Conocido ejercicio asimétrico en donde la rodilla adelantada limitará las acciones de la sentadilla y la rodilla atrasada en contacto -o muy cercana- al suelo, impulsará esta extremidad con menor incidencia en la cadera de este lado. Este ejercicio tendrá mayor incidencia en la estabilización lateral.

Con los pies separados y uno más por delante del otro, ir hacia adelante y abajo al tiempo que se forma un ángulo aproximado de 90° en la rodilla adelantada. La rodilla posterior podrá apoyarse en el suelo o quedar cerca de este. Preocuparse por mantener el nivel de la cintura pélvica relativo con la cintura escapular (paralelos entre sí). No presentar compensaciones en el tronco, al tiempo que se mantiene la integridad estructural de este en la ejecución.

Podemos realizar estocadas clásicas, sosteniendo ambas pesas o unilateralmente, con una pesa de un solo lado. También podemos trabajar con ambas pesas en overhead, unilateralmente o combinar una pesa en overhead mientras mantenemos la otra pesa en posición de rack.

SENTADILLA OVERHEAD

Esta es quizás la versión más difícil de todas las sentadillas por la cantidad de exigencias de estabilidad y movilidad que contiene, tanto en los miembros inferiores como superiores. La movilidad de los hombros se encuentra más limitada que con cualquier otra herramienta porque nos obliga a cerrar más los brazos que, por ejemplo, cuando levantamos una barra. También, la dificultad de mantener la curva lumbar y de extender el tórax nos condicionará mucho la posición de la escápula, como vimos en el capítulo de la posición overhead.

En resumen, la sentadilla overhead es una postura que demanda altos niveles de movilidad estabilidad y control motor a la hora de su ejecución.

Subiremos la pesa como queramos (press, snatch, jerk) y desde la posición overhead, bajamos lo más profundo que podamos a la sentadilla sin desarmar la curva lumbar, sin levantar los talones ni generar cualquier otro tipo de compensación para su realización.

Tenemos dos versiones para la ejecución de esta postura:

* **_Estricta:_** manteniendo exactamente la misma posición del torso, desde que estamos parados hasta la posición profunda.

* **_Compensada:_** diagonalizando ligeramente el torso para aliviar la carga y la movilidad sobre el hombro.

COSACOS

Una especie de sentadilla asimétrica a una pierna. Tenemos diversas combinaciones, pero la más conocida es la de la foto. También podemos simplemente bajar con una sola pesa, ya sea en rack o en posición overhead. En la foto, hemos elegido bajar al tiempo que el brazo del lado del miembro inferior flexionado, se extiende hacia arriba y el otro se mantiene con la pesa en rack.

Podemos empezar sin pesas para tratar de llegar a ejecutar esta difícil figura que combina fuerza en el miembro inferior flexionado y una movilidad aumentada en el miembro inferior extendido.

Cuando ya podemos realizarla sin peso, podemos comenzar a hacerlo en una versión "goblet" y luego progresarlo, desde una posición de rack a un solo lado hasta una posición overhead. Luego, cargando dos pesas en rack y finalizar con una en rack y la otra en overhead, como muestra la foto.

DESAFIO GLUTEOS

Otro brillante desafío-ejercicio de Dan John, es el llamado "desafío glúteos". Con una simpleza impecable, aprendemos además a diferenciar la bisagra del swing de la dominancia de rodillas del goblet squat. En el proceso, los glúteos que están involucrados en ambos ejercicios, sufrirán un increíble estímulo, dándole sentido al nombre de "desafío de glúteos".

Podemos hacerlo todo continuo, quizás con un peso liviano, o de a partes con un peso más pesado. También, con un peso liviano, tratar de mantener un ritmo constante. En otras sesiones, mediremos los progresos de acuerdo a si podemos hacerlo con más peso o con el mismo peso, sin descansar o en menos tiempo.

BUMP

El bump, es la expresión de la cantidad de potencia que podemos transmitir desde la extensión de los miembros inferiores a través de la pelvis, para empujar el brazo y la pesa hacia arriba. Esto es el indicativo de qué tan fuerte y rápido podemos elevar la pesa, gracias a nuestros miembros inferiores.

Desde el rack, vamos a flexionar un poco y MUY RAPIDAMENTE las rodillas, para aprovechar la precarga elástica de los músculos; acto seguido, las extenderemos con velocidad y empujaremos la pesa que se encontraba posicionada en el antebrazo y encima de la pelvis. El miembro superior lo dejaremos RELAJADO y no entrará en la ecuación, sólo siendo responsables los miembros inferiores en el empuje de la pesa. Esto nos dará la pauta de cuanta incidencia están teniendo nuestros miembros inferiores en la elevación de la pesa. Tomaremos como medida que si el bump no logra sobrepasar la altura de la cabeza, sería una completa locura tratar de ejecutar un push press o un Jerk. Aún nos faltaría mucha potencia para que la pesa se eleve y el resto del trabajo recaería enteramente en el brazo, tanto en el push press como en el jerk.

El bump también puede usarse como ejercicio "asistido". Es decir, podemos usar pesos más pesados de los que usamos en el jerk y en el push press para "asistir" este primer empuje de miembros inferiores y de esta manera, mejorar indirectamente estos ejercicios realizados con cargas más livianas, a través del entrenamiento del bump más pesado.

THRUSTER

El ejercicio que, como ejemplo, une la dominancia de rodilla con el empuje de miembros superiores es el thruster.

Desde la posición de sentadilla profunda y manteniendo la pesa en rack, nos elevaremos con velocidad y gracias al impulso que nos dan las piernas, proyectaremos la pesa hacia arriba, hasta la posición overhead.

También podemos realizar un thruster con bump que nos permitirá levantar más carga que si lo hiciéramos con el empuje final. De esta manera, siempre podremos "sobrecargar" algunos ejercicios, para mejorar otros.

PUSH PRESS

Esta es, sin dudas, la primera de las técnicas que resume el espíritu balístico de esta fantástica herramienta. Podemos decir que es uno de los ejercicios globales por excelencia, debido al uso y reclutamiento coordinado de las extremidades inferiores con las superiores. Aquí dejaremos de usar la fuerza de extensión del miembro superior controlada, para empezar a usar la extensión de los miembros inferiores y la inercia, para elevar la pesa. Es un clásico ejercicio balístico con kettlebells.

Nos posicionaremos de pie, con los pies separados al ancho de hombros aproximadamente. Con la pesa en la posición de rack, primero haremos una pequeña flexión con los miembros inferiores; es muy importante que sea VELOZ y no muy pronunciada. Inmediatamente después de haber tomado un poco de impulso con esta flexión, extenderemos rápidamente los miembros inferiores para (a través de la extensión coordinada de la pelvis) empujar la pesa hacia arriba, usando muy poco la fuerza de extensión de los miembros superiores. La pesa se elevará aproximadamente entre un 70 y un 80 por ciento del movimiento total, para dejar la finalización del movimiento a la extensión del miembro superior.

La fuerza generada por la extensión de los miembros inferiores será proyectada a través de nuestra pelvis y de ahí en más, acompañará la extensión del miembro superior. Esto dará como resultado que la pesa se eleve más por la ráfaga generada por la extensión de los miembros inferiores y de la cadera, que por la fuerza estricta del miembro superior.

Recomiendo practicar algunas ráfagas sin usar la fuerza del brazo, sólo los miembros inferiores y el cuerpo (Bump), para corroborar la cantidad inmensa de elevación que gana el ejercicio al usar solo el movimiento de todo el cuerpo.

WORKOUT
PUSH PRESS

Presentaremos otra clásica pirámide, que en este caso es por repeticiones.

La idea básica es ir aumentando la intensidad hasta la máxima cantidad de repeticiones que podamos hacer y, en ese punto, retornar por la misma escalera que subimos, hasta la menor cantidad de repeticiones.

La última cantidad de repeticiones de mayor número se realizará una sola vez, a diferencia de las demás, por las cuales pasaremos una vez en la subida y otra vez en la bajada.

En las pirámides por repetición, mantendremos siempre el mismo peso (por ejemplo 16 kilos), pero lo que cambiará será la cantidad de repeticiones, que irán aumentando en pirámide ascendente para luego bajar en descendente. Se trabajarán ambos lados por separado o con dos pesas al mismo tiempo, si el alumno conoce la técnica correcta.

Al ser un ejercicio balístico, recomiendo trabajar con cargas pesadas para obtener algún tipo de beneficio.

3 rep
5 rep
7 rep
10 rep
15 rep
10 rep
7 rep
5 rep
3 rep

PIRAMIDE DE REPETICIONES:

Ejemplo: mismo peso con 16 kilos.

JERK

Al ser un ejercicio tan importante y abarcativo, como sucede también con el Snatch, necesitamos determinados requerimientos previos.

Reforzar con: Sentadillas con peso por delante para el primer dip. Sentadillas con el peso por encima para el segundo dip. Refuerzo del núcleo. Movilidad de hombros. Fijación de la cintura escapular (mantener el codo extendido mientras la escápula está baja).

Ejercicios previos obligatorios antes de aprender y realizar el Jerk:

• Press Estricto.
• Sentadillas en todas las variantes.
• Push Press.
• Bump.

Ejercicios asistidos recomendados para el Jerk:

• Primera flexión repetida muchas veces.
• Bump.
• Segunda sentadilla con ayuda de un compañero.
• Posiciones estáticas en Rack y en Overhead.

Las fases del Jerk son:

1) Rack.
2) Primera flexión corta.
3) Primera extensión hacia arriba.
4) Segunda flexión.
5) Segunda extensión hacia arriba.
6) Posición de fijación (Overhead).
7) Bajada.
8) Vuelta al rack.

JERK

1. Prepararse desde el rack, repasar todos los puntos de esta posición y tratar de encontrar los puntos de relajación que nos permitan hacer una postura más eficiente.

2. Hacer una ligera flexión de rodillas (muy dominante de rodillas y casi nada de caderas) ya que de lo contrario, las pesas se caerían hacia adelante y los codos se separarían de la pelvis.

3. Empuje hacia arriba: extender COMPLETAMENTE las rodillas e incluso, levantar los talones del suelo mientras las pesas se elevan por lo menos por encima de nuestra cabeza.

4. Segunda flexión: mucho más pronunciada que la primera, estará condicionada por la altura que haya conseguido la pesa por medio del bump; si ganó poca altura, deberemos meternos bien abajo y si ganó mucha altura, podremos hacer una pequeña flexión por debajo de las pesas.

5. Elevación: inmediatamente después y aprovechando el rebote del punto 4, nos elevaremos hasta quedar con las piernas completamente extendidas.

6. Mantener el Overhead y primero mirar hacia las pesas inclinando un poco el torso hacia atrás, antes de dejar caer la pesa hacia el rack. Esta tomará un primer contacto con el hombro y rodará por él, gracias a su forma, para terminar suavemente en el rack al momento que los talones contactan el suelo.

INTERVALOS DE JERK

El entrenamiento intervalado, es usado en el sistema deportivo como medio para aumentar la resistencia general. Como norma, se trata de hacer protocolos de 1 minuto de trabajo con 1 minuto de descanso. Hay intervalados por tiempo, por repeticiones, por frecuencia cardíaca e incluso algunos combinados.

Aquí vamos a ver el más básico, que es por tiempo y repeticiones.

Definiremos el tiempo fijo a 1 minuto y las repeticiones podrán ser fijas (por ejemplo 12 por minuto) o podrán ir variando según el rendimiento que se presente durante la práctica.

Usar el Jerk nos permitirá extender los tiempos dentro de un entrenamiento intervalado, ya que la carga no caerá específicamente en un grupo muscular, sino que se repartirá en todo el cuerpo, generando así menos fatiga local y más fatiga sistémica, por la colaboración de todo el cuerpo al realizar la acción.

El trabajo puede armarse de la siguiente manera, según la carga que utilicemos:

1 Minuto de trabajo	12 repeticiones / 1 minuto de descanso.
1 Minuto de trabajo	12 repeticiones / 1 minuto de descanso.
1 Minuto de trabajo	12 repeticiones / 1 minuto de descanso.
1 Minuto de trabajo	10 repeticiones / 1 minuto de descanso.
1 Minuto de trabajo	10 repeticiones / 1 minuto de descanso.
1 Minuto de trabajo	10 repeticiones / 1 minuto de descanso.
1 Minuto de trabajo	8 repeticiones / 1 minuto de descanso.
1 Minuto de trabajo	8 repeticiones / 1 minuto de descanso.
1 Minuto de trabajo	8 repeticiones / 1 minuto de descanso.
1 Minuto de trabajo	6 repeticiones / 1 minuto de descanso.

11. PATRON ROTACIONAL

Aquí se van a producir los movimientos en el plano transverso o movimientos en otros planos pero que presenten rotaciones en las articulaciones. Principalmente participarán las enartrosis, un genero de articulación que permite movimientos en todos los planos y tiene como grandes representantes a los hombros y las caderas (articulaciones de género esfera y concavidad).

Es en estos movimientos que encontramos grandes similitudes con los movimientos deportivos, sobre todos aquellos en donde podemos ver golpes circulares, lanzamientos, proyecciones y arrojes.

Históricamente encontramos pocos de estos movimientos en el sistema kettlebell; es por ello que en los últimos años, se han tomado "prestadas" las bases de estos movimientos, propios de otras herramientas.

Así podemos encontrar movimientos muy similares a las clavas, los clubbells y los mazos, martillos o mazas tradicionales ("gadas" en India).

Si bien los ejercicios son totalmente adaptables, el brazo de palanca es menor en el kettlebell. Por ello, tiene un efecto similar pero no exactamente el mismo que al manipular un mazo alargado.

Los péndulos posteriores (aquellos que hacemos con la pesa por detrás de nuestra cabeza, cercano a la espalda) son bastante más cortos con el kettlebell y por ello tendremos menos recorrido e impulso que el que podríamos tener con una clava larga.

Más allá de estas pequeñas diferencias, presento una serie de ejercicios con kettlebell, que se adaptan al trabajo del patrón rotacional.

HALO EXTENDIDO

Refuerzo de núcleo con movilidad de hombros y gesto deportivo

Este excelente ejercicio resume gran parte de todos los que hemos visto, pero además agrega un gesto de transferencia directa al deporte al tiempo que introduce el trabajo de "anti rotación". El comienzo es similar al Halo básico, pero luego de dar una vuelta alrededor de la cabeza llevaremos la pesa con la base hacia abajo y en dirección a la cadera. Para realizar este movimiento usaremos todo el cuerpo e incluso levantaremos el talón para poder pivotear mejor sobre la punta del pie, simulando así un gesto deportivo de lanzamiento. La pesa se mantendrá la mayor parte del movimiento alineada con el centro del cuerpo, tratando de evitar que el peso y el movimiento le imprima rotación a nuestra columna vertebral, el objetivo claro es evitar el movimiento de rotación en la columna con la musculatura correspondiente anti rotadora de nuestro core. Como guía debemos mantener los dos hombros y ambas caderas en la misma línea y paralelos entre sí.

- Todos los detalles del Halo básico.
- Alinear la pesa con el centro del cuerpo.
- Levantar el talón del lado contrario al que se dirige la pesa.

Cuando llevemos el peso hacia nuestra derecha los principales músculos responsables de evitar que el tronco siga rotando hacia la derecha, y por consiguiente los que realizarán la acción isométrica, serán:

• *Oblicuo interno contra-lateral (contrario al lado que estamos llevando la pesa).*

• *Oblicuo externo homo-lateral (del mismo lado que llevamos la pesa).*

• *Cuadrado lumbar contra-lateral (en menor medida).*

• *Transversos espinosos homo-laterales (músculos intrínsecos de la columna vertebral).*

• *Resistencia de la fascia toraco-lumbar y músculos insertados en ella.*

• *Psoas ilíaco: Homo-lateral.*

ENTRENAMIENTO BASICO:

- Mantener 5 segundos en la posición baja.
- Mantener 5 segundos la pesa delante nuestro en la posición alta y realizar todo el ejercicio dinámicamente salvo en estas dos posturas.

ENTRENAMIENTO INTERMEDIO:

- 3 repeticiones rápidas con un peso más pesado.
- 3 series con peso medio de 5 reps.
- 12 reps con peso liviano. 3 series.

ENTRENAMIENTO AVANZADO:

- Pesado 15 segundos de trabajo con 15 segundos de descanso. 4 series.
- Mismo con peso mediano. 6 series.
- Mismo con peso liviano. 6 series.

SWING FRONTAL

ROTACION EN CADERAS Y CAMBIOS DE PESO EN PIES

Este es un péndulo realizado en el plano frontal como si hubiéramos dibujado una línea al frente nuestro y la pesa se encontrara deslizándose sobre esta como si fuera un riel.

El movimiento en este plano lo conseguiremos tanto pasando el peso de un pie al otro como con la rotación de las caderas hacia ambos lados. Podemos comenzar con péndulos muy cortos ayudándonos con el cambio de peso hacia un pie y hacia el otro. Así, cuando el peso vaya hacia la derecha, la pesa se dirigirá ayudada hacia ese lado. En la medida que aumente la trayectoria, la caída desde la posición elevada de un lado, colaborará con el impulso hacia el otro, como lo hacía el clásico swing. Es importante tener MUCHO cuidado con que las rodillas o los genitales (en el caso de los hombres) no queden en la trayectoria de la pesa.

La rotación de la cadera necesita de una base sólida en cada miembro inferior. Así, el lado hacia donde está yendo la pesa será el lado hacia donde rotemos externamente esa cadera; debemos cuidar que este impulso no provoque una inestabilidad en la rodilla de base. Como guía, decimos que la cadera se mueve pero la rodilla se mantiene estable. Lo confirmaremos al observar que la rótula SIEMPRE se mantenga alineada con la punta del pie de base, pese al movimiento generado en la cadera.

SWING ROTACIONAL

Continuando con el impuso ganado en el swing frontal, llevaremos la pesa un poco más hacia atrás nuestro en cada lado. Cuidando MUCHO de no aumentar el movimiento en la columna sobre todo en la zona lumbar. Al ganar más impulso rotaremos más desde las caderas y aumentaremos el pivot sobre el pie atrasado. Todo esto ayudará a que aumente tanto la trayectoria de la pesa, como el impulso de esta.

Al final del movimiento, es muy importante frenar efectivamente la pesa, sin que esto provoque un exceso de rotación en la columna. Así, en un mismo ejercicio estamos generando un movimiento rotacional general al tiempo que evitamos exceso de rotación en la columna. Para tal fin, el núcleo nuevamente será activado pero dentro de un escenario dinámico. Aquí seguiremos cuidando que:

- El movimiento se genere desde las caderas pero sin que esa rotación se extienda hacia la rodilla, que servirá de soporte.

- El pie que no lleva el peso, es el que servía de pivote y lo usaremos para rotar la punta sobre el suelo.

CIRCULO FRONTAL CON CIRCULO POSTERIOR

Sosteniendo la pesa con ambas manos desde el mango y con esta colgando con su base hacia abajo, describimos un medio círculo de izquierda a derecha al frente; completando así casi 3/4 de la vuelta, la pesa se encuentra cercana a la zona izquierda. Con el impulso, dirigimos la base hacia atrás y abajo, para desplazar la pesa de izquierda a derecha por detrás de nosotros en un medio círculo, en el que podremos aprovechar el péndulo realizado por detrás de nuestra espalda. Al llegar a la derecha, elevamos la pesa por encima de la cabeza y la dirigimos hacia adelante y el costado izquierdo, como si quisiéramos arrojarla. Desde allí, la dejamos caer hacia abajo y volvemos a dirigir la pesa al primer movimiento descrito, pero con un mayor impulso que el inicial. Este movimiento puede realizarse solo con los miembros superiores pero cuando se acumula mucho impulso, sugiero dirigirlo y controlarlo con todo el cuerpo.

12. ENTRENAMIENTO

Un programa básico objetivo en el estilo "hard style" requeriría un dominio de determinado peso en los siguientes ejercicios fundamentales: Swing y TGU. Dos excelentes ejercicios que determinarán nuestro núcleo, movilidad, bisagra, estabilidad y control motor para enfrentar la gran batería de ejercicios que tiene el sistema.

Objetivo de peso:

- 24 KG Cuerpos menos preparados.
- 32 KG Cuerpos más fuertes.

Tratar de alcanzar estos pesos como objetivo, luego de varios meses de cuidado y progresivo entrenamiento usando en las progresiones cualquiera de estas tres variantes:

A)

- 5 series X 10 repeticiones de SWING
- 5 series X 5 repeticiones por lado de TGU.

B)

- 7 series X 10 SWING.
- 5 series X 5 TGU.

C)

- 10 series X 10 SWING.
- 5 series X 5 TGU.

Podemos intercalar las series, por ejemplo realizar 10 repeticiones de Swing y luego un TGU de cada lado en el bloque A. Cuando estemos bien adaptados podremos hacer una serie de Swing, 1 TGU de un lado, una serie de Swing y una de TGU del otro lado como muestra el bloque C.

Un acercamiento más completo incluye al press: Swing + TGU + Press. En este podremos ir subiendo de a un peso (unos 5 pesos) hasta el máximo. Cuando realicemos una serie en la máxima carga luego bajaremos al peso anterior y haremos 5 series completas en ese peso.

Las repeticiones podrán armarse:

- Swing: 10 repeticiones.
- Press: 5 repeticiones por lado.
- TGU: 1 repetición por lado.

Buscamos que los pesos tengan una relación casi arbitraria que mostramos a continuación:

- **Press:** Peso determinado (con el que podamos hacer entre 5 y 8 repeticiones máximas con buena calidad).
- **Swing:** agregar un 50% a 80% aproximado del press.
- **TGU:** agregar un 30% a 50% del press.

Swing 20 kg	press 12 kg	Tgu 16 kg
Swing 26 kg	press 16 kg	Tgu 20 kg
Swing 32 kg	press 20 kg	Tgu 24 kg
Swing 40 kg	press 24 kg	Tgu 32 kg
Swing 48 kg	press 28 kg	Tgu 35 kg
Swing 40 kg	press 24 kg	Tgu 32 kg

x5

Estipulamos 10 repeticiones en el Swing porque es el máximo número de repeticiones que uno puede mantener a máxima potencia con una carga submáxima en un esfuerzo balístico (Pavel - Simple y Siniester).

DISTRIBUCION DE LAS PRACTICAS

Quizás uno de los elementos más difíciles de armar e interpretar es cómo distribuir los ejercicios en una práctica/clase o en la semana. Teniendo en claro los patrones de movimiento ya tenemos gran parte del trabajo realizado, porque sabemos que ejercicios usar, en qué orden y con qué prioridad de acuerdo a nuestros objetivos. Voy a presentar tres modelos de entrenamiento de una hora cada uno, sobre esta base se podrán adaptar a entrenamientos de 30 minutos e incluso menos, si respetamos proporcionalmente la distribución de los ejercicios.

En un modelo básico, la prioridad será que el alumno no se lastime y que pueda aprender en cada práctica más ejercicios para que aumente su bloque de técnicas del kettlebell. La prioridad será que el alumno trabaje los rangos óptimos de movilidad al tiempo que desarrolla una estabilidad que permita sostener la pesa. El núcleo será uno de los primeros elementos de trabajo porque sin él, no podrá aprender los movimientos básicos del kettlebell y mucho menos las técnicas balísticas. Los bloques principales serán el desarrollo de la fuerza, que es el pilar de todo el entrenamiento, y el aumento de pericia en las técnicas nuevas. También se incluirá un bloque de preparación física general, indispensable para tener un buen estado físico.

En un nivel intermedio los tiempos de preparación y corrección se irán acortando para tender a aumentar los tiempos de entrenamiento tanto de la fuerza como de la potencia y a poder tener un bloque principal de alta intensidad.

MOVILIDAD

ESTABILIDAD

NUCLEO

FUERZA

APRENDIZAJE DE TECNICAS

PREPARACION FISICA

BASICOS 1 HORA

15 MINUTOS	10 MINUTOS	10 MINUTOS	15 MINUTOS	10 MINUTOS
MOVILIDAD/ESTABILIDAD	**NUCLEO**	**FUERZA**	**TECNICA**	**GPP**
TORACICA CINTURA ESCAPULAR CINTURA PELVICA ACTIVACION DE GLUTEOS NEUTRALIDAD DE LA COLUMNA EVALUACION Y CORRECCIÓN PLANCHAS	ALREDEDOR DEL CUERPO HALO 8 GRANJERO / VALIJA BOTTOM UP	PRESS BISAGRAS TRACCION SQUATS	SWING RACK CLEAN PUSH PRESS TGU	PUSH UP PLUS ESTOCADAS SALTOS TRX CIRCUITOS CORTOS DOMINADAS PUSH UP

BASICOS 30 MINUTOS

6 MINUTOS	7 MINUTOS	7 MINUTOS	10 MINUTOS
MOVILIDAD/ESTABILIDAD	**NUCLEO**	**FUERZA**	**GPP**
TORACICA CINTURA ESCAPULAR CINTURA PELVICA ACTIVACION DE GLUTEOS NEUTRALIDAD DE LA COLUMNA EVALUACION Y CORRECCIÓN PLANCHAS	ALREDEDOR DEL CUERPO HALO 8 GRANJERO / VALIJA BOTTOM UP	PRESS BISAGRAS TRACCION SQUATS	PUSH UP PLUS ESTOCADAS SALTOS TRX CIRCUITOS CORTOS DOMINADAS PUSH UP

BASICOS 20 MINUTOS

5 MINUTOS	5 MINUTOS	5 MINUTOS	5 MINUTOS
MOVILIDAD/ESTABILIDAD	**NUCLEO**	**FUERZA**	**GPP**
USANDO SQUAT PUSH UP PLUS	GRANJERO	PRESS BISAGRAS TRACCION	CIRCUITO CORTO

INTERMEDIOS 1 HORA

5 MINUTOS	10 MINUTOS	20 MINUTOS	15 MINUTOS	5 MINUTOS	5 MINUTOS
ACTIVACION	**NUCLEO**	**FUERZA / POTENCIA / TECNICA**	**BLOQUE ALTA INTESIDAD**	**ASISTIDOS**	**GPP**
MOVILIDAD/ESTABILIDAD CINTURA ESCAPULAR CINTURA TORACICA	TGU	PRESS RACK SQUAT THRUSTER JERK SNATCH BENT/WINDMILL/2 HANDS	CIRCUITOS INTERVALADOS COMPLEX ENCADENADOS INTERMITENTES	GRANJERO VALIJA BUMPS	LAGARTIJAS ESTOCADAS SALTOS ZONA MEDIA

AVANZADOS 1 HORA

5 MINUTOS	10 MINUTOS	15 MINUTOS	20 MINUTOS	5 MINUTOS	5 MINUTOS
ACTIVACION	**NO CONVENCIONALES**	**FUERZA / POTENCIA**	**BLOQUE ALTA INTESIDAD**	**ASISTIDOS**	**GPP**
TGU	BENT PRESS WINDMILL TGU PESADOS 2 HAND ANYHOW	PRESS ON SQUAT SOT PRESS JERK SNATCH KETTLEBELL DOBLES DOMINADAS CON CARGA	INTERVALADOS COMPLEX ENCADENADOS INTERMITENTES	GRANJERO VALIJA BUMPS 1/4 SQUAT 1/4 DEADLIFT	LAGARTIJAS SQUAT JUMP ZONA MEDIA DOMINADAS

CHAINS

Un encadenado es un ejercicio en donde se ejecutan diferentes movimientos continuados repitiendo una sola vez cada uno. La idea es que el final de un movimiento FACILITE la ejecución del siguiente generando así una rutina FLUIDA y continua. Este tipo de encadenados han sido popularizados enormemente y se conocen hoy en día como FLOWS, incluso habiéndose mezclado con ejercicios con sólo el peso corporal o con el uso de otras herramientas.

Recomiendo para el armado de las cadenas usar los patrones de movimientos que ya mencionamos y tratar en lo posible de MEZCLAR diferentes patrones de movimiento en cada cadena. De esta manera buscaremos conseguir una fatiga sistémica y no la de una zona específica del cuerpo.

Un ejemplo clásico de cadena sería:

- One Arm Swing (swing a una mano) - 1 rep.
- One Arm Clean & Press - 1 rep.
- One Arm Front Squat - 1 rep.
- One Arm Snatch - 1 rep.

Así, levantaremos la pesa ejecutando un swing completo para luego cargarla con un clean hacia el rack y desde allí ejecutar un press, con la pesa en posición overhead. Otra opción es, luego de volver al rack hacer una sentadilla y al levantarnos realizar un snatch, para a partir de allí, cambiar de mano o seguir con la pesa en la misma mano.

Una medida muy práctica y efectiva para regular tiempos de trabajo y descansos recomendada por Eric Leija para este tipo de entrenamientos, es hacer unos 40 segundos de trabajo combinados con 20 segundos de descanso pudiendo cumplir en total un aproximado de 5 a 8 minutos.

Otro ejemplo recomendado por Alejandro Pichersky en nuestro **"Manual de Entrenamiento Kettlebell"** es:

- One Arm Swing - 1 rep.
- One Arm Clean & Press - 1 rep.
- Rack Reverse Lunge - 1 rep.
- Bent Over Row (lunge stance)- 1 rep.
- Uneven Push Up - 1 rep.

Al término podemos cambiar de mano y repetir. Podemos setear el tiempo por algún tipo de intervalo como 40 segundos de trabajo y 20 de descanso. O 30 segundos por 30 segundos de descanso, o hacer todo continuo en un tiempo arbitrario establecido, como 8 minutos. Así, intentaremos en cada sesión de entrenamiento, realizar la mayor cantidad de vueltas posibles. Descansando cuando sea necesario o tratando de no frenar en la ejecución.

Otra cadena de Alejandro es:

- Double Sumo Deadlift - 1 rep.
- Double Power Clean - 1 rep.
- Double Front Squat - 1 rep.
- Double Push Press- 1 rep.

Se descansa 30 segundos después de terminar la cadena y se sigue con 2 cadenas continuas, se descansa 30 segundos y se sigue con 3 cadenas continuas hasta llegar a 5 continuas.

Luego de estos varios ejemplos (que uno esperaría en cualquier manual convencional de kettlebell y espero no te haya defraudado) prefiero dedicar unas líneas más a cómo realmente tú puedes armar tus propios encadenados y no tener que estar dependiendo toda la vida de este manual o de un video de moda en instagram.

Para entender como construir las cadenas, recomiendo comprender los patrones de movimiento del kettlebell y qué ejercicios están dentro de cada patrón. A partir de allí, tratar de combinar estos patrones cuidando siempre que el final de un ejercicio, facilite el comienzo del otro.

Algunos encadenamos que podemos construir muy fácilmente combinando empuje, jalón, rodilla y cadera son:

- Clean.
- Squat.
- Push press.
- Remo.

- Snatch.
- Bent press.
- Overhead squat.

- Push press.
- High pull.
- Goblet.

- Clean.
- Rack squat.
- Thruster.

Luego de dominar al menos los cuatro primero patrones: empuje, jalón, rodilla y cadera, podemos avanzar a la construcción de cadenas con todos los patrones. Eventualmente, podremos combinarlos con otros ejercicios. El trabajo puede diseñarse de la siguiente manera, según la carga que utilicemos:

Ejemplo:
1. *Un dominante de rodilla:* Sentadilla con KB en cualquier versión.
2. *Núcleo:* Halo o alrededor del cuerpo o Granjero.
3. *Jalón:* Serrucho con kettlebells o dominadas.
4. *Dominante de cadera:* Swing.
5. *Empuje:* Press.
6. *Salto:* Squat Jump.
7. *Ejercicios con el peso corporal:* push ups, saltos, calistenia.
8. *Anti rotación:* Halo deportivo o ejercicios con bandas elásticas.

También podemos construir encadenados agregando elementos como núcleo, transporte y movimientos con el propio peso corporal, a los 4 patrones ya mencionados.

- Clean.
- Press.
- Molinos.
- 10° y 9° postura del TGU.
- Overhead squat.
- Granjero.

El mundo de las cadenas es casi infinito y solo la imaginación será el límite para la creación de ellas.

COMPLEJOS (COMPLEX)

Un complejo es una serie de ejercicios combinados uno detrás de otro, con un determinado número de repeticiones o de tiempo. No hay descanso entre los ejercicios, solo estipulando el descanso al finalizar una o varias vueltas del complejo según corresponda.

Un complejo matriz clásico para entender este concepto sería:

- 5 swing.
- 5 clean.
- 5 press.
- 5 squat.

Nuevamente aquí vemos el uso y aplicación de los patrones de movimiento, tanto para que las transiciones sean suaves como también para hacer un trabajo balanceado en lo que respecta a grupos musculares desde su función.

Otro clásico que combina simple pero magistralmente los cuatro patrones básicos es:

- 5 swings.
- 5 press.
- 5 squat.
- 5 remos renegados.

Podremos trabajar estos complejos por:

• Tiempo fijo: 5 a 8 minutos dependiendo el peso. Si es pesado menos tiempo si es más liviano más tiempo.

• Por vueltas y tiempo: por ejemplo, setear 5 vueltas e intentar cada vez hacerlas en el menor tiempo.

• Al minuto: determinar cuantas vueltas debemos cumplir y el tiempo que nos quede libre en ese minuto, lo usaremos para descansar.

También podemos salir de lo clásico y aumentar las repeticiones. Por ejemplo, en este brillante complejo en donde se buscan 8 repeticiones:

Complejo A for eigth (de Dan John):

- Remo x 8.
- Clean 8.
- Sentadilla Adelante x 8.
- Press Militar x 8.
- Sentadilla por Detrás x 8.
- Buenos Días x 8.

Copio a continuación, algunos complejos muy útiles que encontrarán en nuestro manual de entrenamiento:

- Swing una mano - 5 reps.
- Clean y press a una mano - 5 reps.
- Estocada atrás - 5 reps.
- Remos - 5 reps.
- Lagartijas a desnivel - 5 reps.

Cambio de mano y se repite.

Y un Complejo de Travis Stoetzel
- Doble Sumo Deadlift- 1/2/3/4/5/4/3/2/1.
- Doble Power Clean- 1/2/3/4/5/4/3/2/1.
- Doble Front Squat- 1/2/3/4/5/4/3/2/1.
- Doble Push Press- 1/2/3/4/5/4/3/2/1.

HIPERTROFIA

Si bien no es la herramienta que más se adecua a trabajos que generen hipertrofia, también se pueden usar kettlebells para tal fin. La idea es encontrar ejercicios en los que puedas aumentar el tiempo bajo tensión, por eso no incluiremos los ejercicios balísticos. También podremos trabajar con dos kettlebells para así aumentar la carga que por lo general no es grande con un sólo uno. Ejercicios con kettlebell que pueden ser utilizados para este fin:

- Front squat.
- Clean y press.
- Remos renegados.
- Dominadas con peso.
- Estocadas atrás.
- Peso muerto a una pierna.
- Bent press.
- TGU, Granjero, Two hands anyhow son ejercicios en los que podemos extender el tiempo bajo carga.

Dos protocolos que detallo a continuación muy usados por otros autores son:

1) Complex básico de Mike Mahler

5 series de 5 reps (1 minuto de descanso entre series).

- Press doble.
- Dominadas con peso.
- Front squat.
- Swing doble.

Finalizador: Molinos.

Y el clásico de PAVEL que copio de la página de strong first:

- 1 clean + 1 press + 1 squat + 1 renegade row per arm.
- 1 clean + 2 press + 1 squat + 1 renegade row per arm.
- 1 clean + 3 press + 1 squat + 1 renegade row per arm.
- 1 clean + 4 press + 1 squat + 1 renegade row per arm.
- 1 clean + 5 press + 1 squat + 1 renegade row per arm.
- 1 clean + 4 press + 1 squat + 1 renegade row per arm.
- 1 clean + 3 press + 1 squat + 1 renegade row per arm.
- 1 clean + 2 press + 1 squat + 1 renegade row per arm.
- 1 clean + 1 press + 1 squat + 1 renegade row per arm.

Lunes se puede hacer esto y el miércoles, hacer la pirámide del press pero pasarla al squat. Todos se pueden finalizar con un ejercicio continuo como el snatch, en un periodo de 5 a 8 minutos.

Pavel recomienda tener 5 prácticas (o dos semanas) escalando hasta 5 reps. El siguiente bloque de 5 prácticas o dos semanas se puede escalar hasta 6 o 7 reps. El último bloque, será de unas 3 prácticas subiendo hasta 8 reps dando un total de 6 semanas.

SOBRECARGAS

Una manera de mejorar los press es usar sobrecargas. Estas se entrenan los días libres o en un esfuerzo extra, en los días de entrenamiento. Buscaremos estimular el desarrollo del press usando ejercicios de empuje similares, en donde podamos levantar más peso que el utilizado normalmente en el press. Estos ejercicios serán similares al press pero al ejecutarlos quizás en ángulos más facilitados o ayudándonos con el impulso o con las piernas, podremos mover mucho más peso de lo que nos permite el press convencional. De esta manera, podremos estimular el press con ejercicios accesorios que indirectamente nos beneficiarán en el desarrollo de esta levantada.

Algunos ejercicios que podemos usar para mejorar indirectamente el press son:

• Side press: como ya mencionamos este "truco" nos permitirá empujar más peso por que nos alejaremos un poco de la pesa para poder mejorar el ángulo de empuje.

• Thruster: Para no perder el núcleo en el movimiento ascendente y además para recibir ayuda extra con el empuje de las piernas.

• Backup press: Con la ayuda de nuestra otra mano lograremos empujar más peso.

• Push press: Con la ayuda de la extensión de las piernas lograremos empujar más peso.

• Floor press: Al posicionar el brazo perpendicular a nuestro tórax tendremos toda la fuerza del pecho para levantar más peso en el empuje.

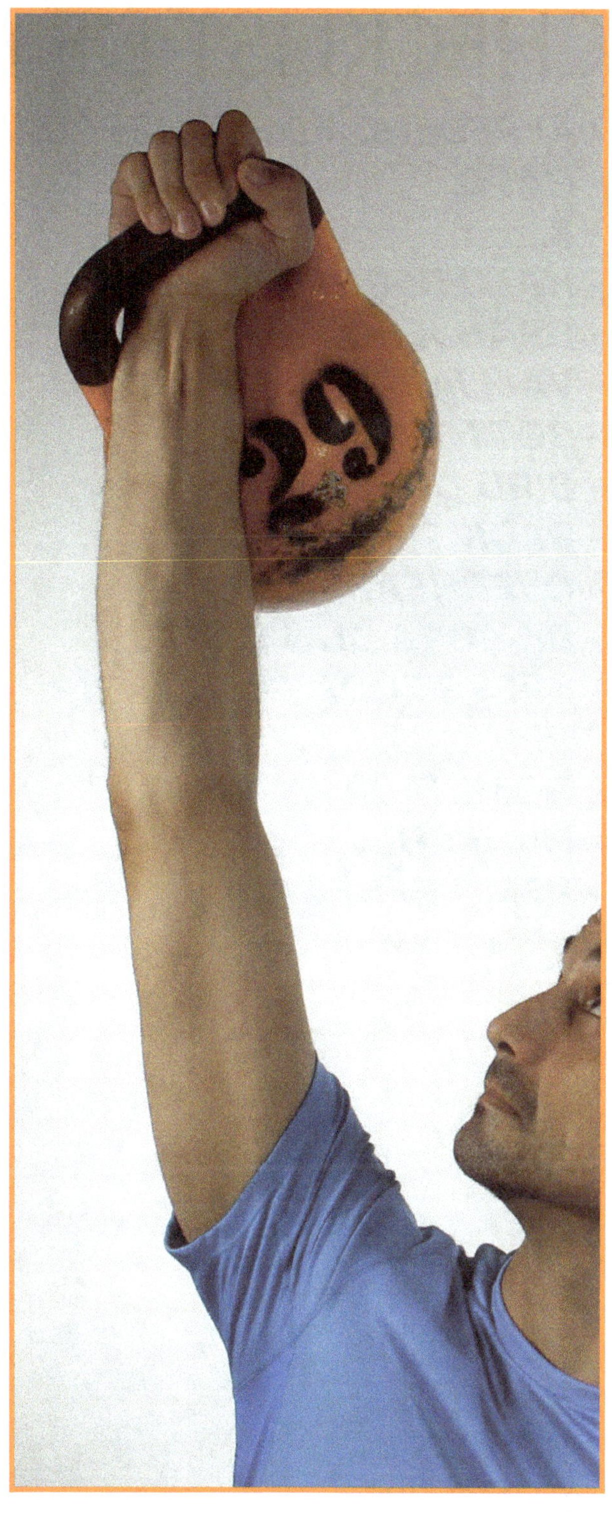

Podemos realizar unas 5 series de 1 a 3 repeticiones por que claramente estaremos levantando un peso PESADO con respecto al press. Podemos trabajar idealmente en los días intercalados del press o en una misma sesión de práctica.

CHECKLIST DE EJERCICIOS

- ALREDEDOR DEL CUERPO.
- HALO.
- 8.
- HALO DEPORTIVO.
- GRANJERO.
- VALIJA.
- BOTTOM UP.
- BIRD DOG.
- RACK.
- OVERHEAD.
- BISAGRA CON BASTON.
- PRESS TODAS LAS VARIANTES.
- REMO.
- DOMINADAS.
- HIGH PULL.
- REMO RENEGADO.
- SWING DE LA CABRA.
- PESO MUERTO A UNA PIERNA.
- SWING VAGO.
- SWING RUSO.
- SWING AMERICANO.
- SWING 1 MANO.
- CLEAN.
- 6 EJERCICIOS ASISTIDOS PARA CLEAN.
- ELEVADOR.
- SNATCH.
- SQUAT.
- SUMO.
- GOBLET.
- OVERHEAD.
- BUMP.
- THRUSTER.
- PUSH PRESS.
- JERK.

En mis otros manuales presentamos las siguientes técnicas que requieren determinado énfasis técnico: LEVANTADA TURCA, WINDMILL, SIDE PRESS, BENT PRESS, TWO HANDS ANYHOW, SOT PRESS, JERK DOBLE, RACK SQUAT, CLEAN DOBLES, LONG CYCLE, SWING CON BARRA T.

LECTURAS RECOMENDADAS

1- *Advances in Functional Training* - Michael Boyle.

2- *Ultimate Back Fitness and Performance* - Stuart McGill.

3- Becoming a Supple Leopard - Kelly Starrett.

4- *Movement* - Gray Cook.

5- *Supertraining* - Yuri Verkhoshansky.

6- *Advanced techniques in glutei maximi strengthening* - Bret Contreras.

7- *Kettlebell Sport and athelete preparation* - Thierry Sanchez.

8- *Enter the kettlebell* - Pavel Tsatsouline.

9- *Power to the people* - Pavel Tsatsouline.

10- *Russian kettlebell challenge* - Pavel Tsatsouline.

11- *Viking Warrior conditioning* - Kenneth Jay.

12- *Kettlebells from the Ground Up manual* - Cook, Jones, Cheng.

13- *Anatomía para el movimiento* - Blandine Calais German.

14- *Anatomía* - Rouviere y Testout.

15- *The hardstyle Kettlebell Challenge* - Dan John.

16- *Anatomía para estudiantes* - Gray.

17- *Fisiología articular* - Kapandji.

18- *Гирьовий спорт у вищих навчальних закладах* - 2014.

19- *Uprazhnenia_s_vesovymi_giryami* - 1928 - Lebedev.

20- *Підіймання тягарів* - 1933.

TIENDA DIGITAL: www.jeronimomilo.com.ar

~~~~~~

INSTAGRAM: @jeronimomilo
FACEBOOK: www.facebook.com/jeronimomilofan
MAIL: jeronimomilo@gmail.com
TWITTER: @MiloJeronimo
LINKEDIN: jeronimomilo
PATREON: www.patreon.com/jeronimomilo
PINTEREST: jeronimo1289
WHATSAPP: +5491154169529

~~~~~~